REVUE DU CRIEUR

W0183205

Le monde renversé

Vous connaissez par cœur les noms de vaccins produits par Moderna, AstraZeneca, Pfizer-BioNtech ou Johnson & Johnson. Et même le russe Sputnik V ou le chinois de Sinopharm. Mais avez-vous entendu parler des VaccineMaitri, ces dizaines de millions de doses de « *vaccins de l'amitié* » qui partent, depuis le début de l'année, des ports indiens à destination de pays pauvres d'Asie, d'Afrique ou d'Amérique latine ? Ou de Soberana 1 et Soberana 2 que Cuba, pays exsangue économiquement, finit de développer avec comme objectif d'immuniser l'ensemble de sa population en 2021, mais également d'aider l'Iran ou le Venezuela, pénalisés sanitairement par les sanctions internationales ?

Quoi qu'il en soit, vous n'entendrez pas de si tôt parler d'un vaccin du laboratoire français Sanofi. Ce retard – ou cet échec ? – est symptomatique de la perte de vitesse des laboratoires de recherche de l'Hexagone, qui en ont pourtant été longtemps l'un des fleurons. Symptomatique également de leur attitude actuelle – licenciements à foison et dividendes records –, laquelle montre la vanité des différentes saillies sur la « *réinvention* » ou la « *résilience* » de modèles qui nous ont menés à la faillite politique et écologique mise en lumière par le coronavirus.

En comparaison de l'Europe ou des États-Unis, la façon dont certains pays asiatiques, tel Taïwan, ont géré l'épidémie nous rappelle qu'il n'y a plus grand sens à parler dichotomiquement de « *pays en développement* » et de « *pays développés* ». Et que la « *solidarité internationale* » – dont l'absence, au-delà de questions morales, serait synonyme de nouvelles vagues épidémiques – ne dépend pas de réunions à Paris, Londres, Washington ni, encore moins, Davos.

Si l'on veut que ce renversement géopolitique déjà en cours ne constitue pas simplement une redistribution des profits, encore faut-il qu'il s'accompagne d'un soulèvement du « *monde du maintenant* ». C'est à penser cela que se consacre ce nouveau numéro du *Crieur*, en donnant voix à des brèches qui s'ouvrent dans les domaines de la santé, de l'anthropologie, de la politique au Brésil, de la poésie, du pouvoir masculin, de la BD, de l'esthétique du quotidien : comme si le « *monde d'après* », souvent moqué, s'immisçait bien jusqu'à nous, sans fracas ni grande déclaration, mais de manière obstinée et répétée, dans différents domaines de la vie.

SOMMAIRE

LES AUTEUR·E·S

Anna Berrard est diplômée de l'ENS Lyon en histoire de la pensée politique et travaille sur les enjeux posés par les récupérations capitalistes de l'écoféminisme.

Ève Charrin, journaliste depuis vingt ans, écrit sur les idées et la culture, notamment pour *Marianne* et la revue *XXI*. Après un livre sur l'Inde et la mondialisation (*L'Inde à l'assaut du monde*, « Pluriel ») et un autre sur les objets contemporains (*La Voiture du peuple et le sac Vuitton*, Fayard), elle a publié un récit-enquête sur ces ouvriers mal connus que sont les chauffeurs-livreurs, *La Course ou la Ville* (Seuil).

Yves Citton est professeur de littérature et médias à l'université Paris 8, directeur de l'EUR ArTeC et codirecteur de la revue *Multitudes*.

Alyne Costa est docteure en philosophie de l'université catholique pontificale de Rio de Janeiro, professeure de philosophie dans cette même université et postdoctorante au forum de la Science et de la Culture de l'université fédérale de Rio de Janeiro.

David Graeber (1961-2020), anthropologue et militant anarchiste américain, était professeur à la London School of Economics. Il est notamment l'auteur, aux Éditions Les Liens qui libèrent, de *Dette : 5 000 ans d'histoire* (2013) et *Bullshit Jobs* (2018).

Nastassja Martin est anthropologue, diplômée de l'École des hautes études en sciences sociales, spécialiste des populations arctiques. Elle est l'autrice des *Âmes sauvages* (La Découverte, 2016) et du récit *Croire aux fauves* (Verticales, 2019).

Anne-Laure Pineau, journaliste pigiste membre du Collectif Youpress et de l'AJL, travaille régulièrement sur les questions de société et de culture dans la presse nationale.

Guillaume Ollendorff est un traducteur et auteur vivant à Berlin.

Antoine Pecqueur est journaliste, spécialisé en politique et économie de la culture. Après avoir collaboré au *Monde*, il travaille aujourd'hui pour RFI, France Musique, *Télérama*, *La Lettre du Musicien*, *Archicréé*…

Claire Richard est journaliste, autrice et traductrice. Elle s'intéresse aux cultures numériques, aux formes de l'action collective et aux croisements entre intime et politique. Elle est l'autrice de *Young Lords. Histoire des Black Panthers latinos* (L'Échappée, 2017), *Petit ouvrage d'autonomie technologique* (369 Éditions, 2018) et *Les Chemins de désir* (Seuil, 2019).

Ivan Segré est philosophe. Auteur de plusieurs ouvrages dont *La Réaction philosémite. Ou la trahison des clercs* (Lignes, 2009), *Le Manteau de Spinoza. Pour une éthique hors la Loi* (La Fabrique, 2014) et *L'Occident, les indigènes et nous* (Amsterdam, 2020), il collabore régulièrement à Lundi Matin.

OUVERTURE

PAR Nastassja MARTIN

DIRE LA FRAGILITÉ DES MONDES

L'anthropologie ou l'écriture du commun

L'anthropologie est une discipline paradoxale : science de l'altérité en ce qu'elle décrit les modes de vie et de pensée de collectifs humains auxquels n'appartient généralement pas l'ethnographe, elle est aussi une écriture du commun, qui s'attache à décrire les grands invariants et mythes fondateurs structurant les sociétés. Au XXIe siècle, les cartes ont été rebattues : peut-on continuer à penser le commun alors que ce qui nous unit n'est rien d'autre que la perspective du désastre ? Comment encore exprimer l'altérité lorsque les premiers mondes dévastés par la catastrophe écologique sont précisément ceux que les anthropologues étudient, quand eux-mêmes appartiennent aux sociétés responsables du délabrement du monde ?
De quelle manière garder vivante l'anthropologie et pour quelles raisons ? Refusant de conclure à l'obsolescence d'une telle démarche, l'anthropologue Nastassja Martin répond que ce sont la langue, l'attention à la parole, le souci de traduire la diversité des êtres qui permettront de résister à la perte des mondes. « *Une terre qui était belle a commencé son agonie, sous le regard de ses sœurs voltigeantes, en présence de ses fils insensés.* » Les « *fils insensés* » du poète René Char, nous dit Nastassja Martin, se doivent désormais de protéger la dignité des vivants.

« *Dans l'éclatement de l'Univers*
que nous éprouvons, prodige !
les morceaux qui s'abattent sont vivants. »
René Char,
Les Compagnons dans le jardin, 1956.

Face à la stupéfaction, le silence ?

« *Les yeux seuls sont encore capables de pousser un cri* » dit Char pendant la Seconde Guerre mondiale. Trois quarts de siècle plus tard, comment ne pas être affecté par l'ampleur du désastre et, comme lui, décider de suspendre la publication des écrits pour ne pas encombrer nos semblables d'agencements de mots à l'instant où l'action devrait primer ? Que faire de ce sentiment de stupéfaction pétrifiante qui confine au mutisme, ne plus savoir quoi dire ni comment le dire, être dans l'incapacité de stabiliser un quelconque modèle pour faire face à l'incertitude globale et multispécifique qui déborde nos quotidiens ?

Comme l'écriture chargée de guerre des *Feuillets d'Hypnos*, les notes de l'ethnographe sont affectées par le contexte global, *a fortiori* lorsqu'elles sont prises sur un terrain dont l'exotisme présumé d'hier s'est aujourd'hui transformé en champ de ruines. Déplaçons-nous en pensée dans le Grand Nord : le chercheur espérait que ses notes décriraient des rituels ? Elles sont d'abord envahies d'histoire coloniale et de missionarisation. Il voulait tracer les lignes d'une cosmologie divergente de la sienne ? Ses mots tremblent au préalable sous l'effet des métamorphoses environnementales touchant les milieux sensibles de l'Arctique mais induites par les modes de production de son monde à lui ; ses lignes ne filent plus droit. Il avait dans l'idée de documenter une re-prise de terre ? L'écriture s'espace et hésite, se fait laborieuse, quand il doit reconnaître que l'État extractiviste qui gouverne le collectif qu'il s'est proposé d'étudier a bien souvent le dernier mot sur les usages désirables des « ressources » pétrolières, gazières, forestières, halieutiques, etc.

Au retour de ce terrain tumultueux et déceptif, l'ethnographe voudrait bien disparaître six pieds sous terre mais il va lui falloir écrire, pour des raisons souvent tant académiques que de santé mentale. C'est depuis cet espace laissé vacant en lui-même, naissant de la perte du monde qui l'a accueilli et de l'impossibilité de « rentrer chez soi » complètement, que commence le travail de composition, et que se pose la question de la forme et du style à donner à cette composition. Faut-il lisser les réflexions contradictoires apparues avec la désillusion d'une problématique de départ qui s'est effondrée face à un terrain qui n'est pas/plus celui auquel on s'était attendu ? Comment équilibrer la balance entre la description de situations vécues souvent complexes, voire chaotiques, et l'analyse nécessairement ordonnée, voire polie, de manières d'être au monde différentes des nôtres ? Et enfin, que faire de la relation particulière tissée entre soi et ceux qui nous ont accueillis chez eux, permettant que quelque chose se recompose dans un état de monde délabré ? Quel doit être notre fil rouge ?

AU RETOUR DU TERRAIN, L'ETHNOGRAPHE VOUDRAIT BIEN DISPARAÎTRE SIX PIEDS SOUS TERRE MAIS IL VA LUI FALLOIR ÉCRIRE, POUR DES RAISONS SOUVENT TANT ACADÉMIQUES QUE DE SANTÉ MENTALE.

En ethnographe je répondrais : les discours des personnes que nous suivons et parmi lesquelles nous avons vécu. Mais là encore, comment les traduire puis les reformuler dans les termes les plus proches de ceux par lesquels ils ont été prononcés, non seulement pour les décrire mais pour qu'ils puissent produire un savoir partageable ici même ? Et encore, que faire de l'« *atmosphère* » chère à Marcel Mauss, de l'« *ambiance* » particulière qui confère une texture palpable à un terrain particulier ? Une difficulté surgit d'emblée : comment restituer l'atmosphère au sein de la recherche sans être taxé de faire de la « *littérature* » et d'avoir renoncé à la science ? Voilà une problématique à laquelle sont confrontés tous les anthropologues depuis que leur domaine d'investigation s'est stabilisé en champ disciplinaire. La terminologie *a priori* progressive entre les trois termes qui définissent le champ est elle-même l'expression d'une tension créatrice : nous effectuons de constants allers-retours entre l'ethno « graphie », qui décrit un collectif en l'écrivant, l'ethno « logie », qui en l'écrivant produit un savoir sur une aire culturelle située, et l'anthropo « logie » qui élargit ce savoir en le comparant avec d'autres et en montant en généralité.

Littérature ou anthropologie ?

Marcel Mauss écrivait déjà en 1947, au sujet de la sociologie et de l'ethnologie, qu'elles nécessitaient de la part de leurs praticiens d'être non seulement des « *chartistes* », des historiens et des statisticiens, mais encore des « *romanciers capables d'évoquer la vie d'une société tout entière* ». Cette injonction est loin d'être simple à tenir. Que faire du *double bind* de devoir à la fois toucher nos collègues anthropologues et le plus grand nombre, ceux qui ne manient ni nos idées ni nos concepts avec l'aisance que de longues années d'étude dans un champ spécialisé nous ont apportée ? Faut-il, si l'on veut résoudre ce problème, décider de « *descendre les pentes orgueilleuses de l'érudition* » pour « *présenter à un plus grand nombre de lecteurs un ouvrage lisible* », comme le proposait Marcel Griaule dans *Flambeurs d'hommes* ? Est-ce, selon ses mots, « *possible ou nécessaire voire aimable* » ? Ainsi pour être « *aimable* » envers le commun faudrait-il, revers de la scientifisation, « *vulgariser* ». Ce terme terrifiant implique que pour descendre de son piédestal et se rendre lisible, le scientifique doit redécrire à traits grossiers ce qu'il a si finement composé et étayé dans le travail a produit à destination de ses pairs. À l'instar de la discipline historique, où l'articulation entre écriture et érudition est l'une des composantes de base de ce que l'on pourrait appeler une poétique de la narration et, de l'autre côté du spectre, de la sociologie, dont les ambitions théoriques et méthodologiques priment généralement sur la narrativité (aux exceptions près de projets collectifs tels que *La Misère du monde* de Pierre Bourdieu ou encore de la sociologie narrative), les ethnologues se trouvent coincés dans un paradoxe inextricable. Sont-ils savants ou littérateurs ? Leur savoir se constitue-t-il nécessairement par le document et contre la littérature ? Mais encore, doivent-ils faire primer les «*faits*» sur la «*forme*», et se méfier des effets produits par un style d'écriture particulier, puisqu'ils peuvent venir troubler le sens et la construction scientifique de l'objet ? La science n'a rien à voir avec l'esthétique et les enjolivures, nous dit Griaule. Et pourtant, si lui-même en use et en abuse dans ses textes, des *Flambeurs d'hommes* à *Dieu d'eau*, c'est que ces questions sont aussi vieilles que la discipline. Si les écrits de Griaule cristallisent la tension entre littérature et anthropologie au moment de l'institutionnalisation de cette dernière, c'est qu'elle est en train, tant bien que mal, de délimiter son champ d'investigation propre. À l'origine de cette tension, il y a la reconnaissance que l'ethnologue se trouve dans une situation très particulière de production du savoir : là où les historiens mentionnent leurs archives, où les psychologues présentent leurs protocoles expérimentaux et où les sociologues décrivent leurs procédures statistiques et leurs questionnaires, les ethnologues se sentent libres d'expliquer comment, à partir de leur unique expérience, ils ont tiré un ensemble de connaissances dont ils demandent aux lecteurs d'accepter la validité. Comme le dit Philippe Descola : « *Un tel privilège devient exorbitant s'il n'est pas tempéré par le souci d'exposer les situations qui ont rendu possible l'éclosion d'un savoir si particularisé.* »

LES ETHNOLOGUES SONT COINCÉS DANS UN PARADOXE INEXTRICABLE : SONT-ILS SAVANTS OU LITTÉRATEURS ? LEUR SAVOIR SE CONSTITUE-T-IL NÉCESSAIREMENT PAR LE DOCUMENT ET CONTRE LA LITTÉRATURE ?

Ainsi les « *nécessités contradictoires* » qui hantaient Griaule, entre le « *sacrifice de tout effet littéraire à la précision* » et les qualités de « *bon littérateur* » exigées de lui s'il voulait pouvoir toucher un plus large public, restent-elles très actuelles. Il est certainement temps de se pencher une nouvelle fois sur cette problématique, si tant est que nous souhaitions nous montrer réflexifs sur les savoirs que nous fabriquons.

Compagnonnage des disciplines ou singularité des champs ?

La proposition qui fait friction est la suivante : l'anthropologie ne produit pas de fictions mais décrit les réalités vécues par les gens étudiés en vue de les analyser ; les récits fictionnalisés de l'anthropologie sont nombreux et inspirent des générations d'ethnologues à l'orée de leur carrière. Des *Argonautes du Pacifique occidental* de Malinowski aux *Immémoriaux* de Segalen, en passant par *L'Afrique fantôme* de Leiris et *Tristes tropiques* de Lévi-Strauss, jusqu'aux *Lances du crépuscule* de Descola, les exemples sont nombreux. Toutefois, la question reste épineuse, du moins dans le contexte français. Il y a bien sûr le «*second livre*» théorisé par Vincent Debaene, qui peut être soit un travail de traduction des idées et de leur contexte d'émergence, soit une remise en cause de la posture d'observation de l'ethnologue, une forme d'autoanalyse critique destinée à un plus grand nombre de lecteurs. Mais hors de ce «deuxième temps» de la recherche, de ce «cadre second», il est difficile de restituer, dans un même livre, les développements analytiques émanant d'un objet de recherche mis en relation avec des outils conceptuels aptes à l'aborder, en même temps que cette fameuse «*atmosphère*», pouvant aussi être entendue comme les conditions d'une rencontre permettant au travail scientifique de prendre forme.

Cette partition des registres est très récente. Entre les années 1930 et la fin de la Seconde Guerre mondiale, les «*conflits de cosmologies*» entre les mondes décrits et les disciplines elles-mêmes sont prolifiques. Remémorons-nous par exemple *L'Afrique fantôme* de Leiris, le Collège de sociologie, le compagnonnage postsurréaliste et les ethnographes du musée du Trocadéro autour de la revue *Documents*. L'imaginaire anthropologique ne laisse pas indifférent, comme en témoignent les productions d'écrivains, de poètes et d'artistes, d'Eliot à Breton, de Gauguin à Picasso. Dans le sillage de Michel Leiris, la publication d'autobiographies de terrain montre la fécondité du croisement entre littérature et anthropologie (Reichler), bien en-deçà d'une «*binarité figée*» (Debaene) au sein de laquelle s'opposeraient la mise en forme contrainte propre à la science et l'écriture libérée de la littérature. *Tristes tropiques* est un bon exemple de l'échec de cette catégorisation : ce livre, écrit dans «*l'horreur et l'exaspération*», est pourtant celui qui permet à l'anthropologie structurale d'émerger en tant qu'outil heuristique apte à répondre au flux d'expériences et de pensées qui saisit l'auteur au retour du terrain, et dont *Tristes tropiques* est d'une certaine manière l'expression. Mais une fois encore, se repose le problème de l'objectivité scientifique lorsque le chercheur abuse de littérature afin de traduire et décrire les réalités complexes qu'il observe. Toutes choses que Clifford Geertz, de l'autre côté de l'Atlantique, s'est mis en devoir de dévoiler, lorsqu'il note qu'une parenté trop assumée entre anthropologie et littérature se convertit en une véritable «*menace du subjectivisme, du relativisme ou du particularisme, d'une incapacité générale à produire une connaissance solide et fiable du monde réel*». Le problème central qui est soulevé est, très banalement, celui de la légitimité. Que faire de l'altérité étudiée, et qui est légitime pour la traduire face au champ académique, d'une part, et face au monde, de l'autre ? Nombreux sont les chercheurs qui appellent au décloisonnement des disciplines afin qu'elles s'enrichissent mutuellement, mais ce décloisonnement est laborieux, en tout cas de ce côté de l'Atlantique.

QUE FAIRE DE L'ALTÉRITÉ ÉTUDIÉE, ET QUI EST LÉGITIME POUR LA TRADUIRE FACE AU CHAMP ACADÉMIQUE ET FACE AU MONDE ?

Que l'on pense à Anna Tsing et à l'art de l'attention qu'elle prône, cette manière de regarder les êtres non humains du monde avec acuité, de s'attacher à les nommer dans leur diversité, que l'on se figure les listes et les taxinomies qu'elle propose de réinventer en y ajoutant un ingrédient qui manquait, ou bien dont la présence n'avait jamais été reconnue par les praticiens : l'« *amour multispécifique* ». Essayons de saisir ce que cette anthropologue est en train de faire lorsqu'elle travaille avec joie à la transgression des frontières entre humanités et sciences naturelles, sur les traces des nombreux précurseurs qui ne pensaient qu'entre des disciplines non encore constituées et dans les zones liminaires de leur rencontre. Pensons encore à Deborah Bird Rose, qui fait dialoguer les aborigènes australiens tant avec des philosophes, des poètes, des écrivains, des psychanalystes que des anthropologues, pour tenter de faire comprendre le « *temps du rêve* » ici même, tout en n'ayant, comme Tsing, aucun problème à mettre la question de l'« *amour trans-spécifique* » sur le tapis. Cela donne à réfléchir dans le contexte français. Ce n'est pas qu'en France les problématiques environnementales n'aient pas acquis, ces dernières années, une place de premier plan au sein des recherches de terrain et des débats théoriques de l'ethnoécologie et des ethnosciences portant sur la connaissance et les usages de la nature au courant anthropologique remettant en cause l'opposition entre le naturel et le social – précédés par l'« écologie de l'esprit » de Gregory Bateson, Philippe Descola et Bruno Latour entre autres y œuvrent, dans deux champs d'expertise différents. C'est dire que, malgré ces déplacements, il n'est pas certain que nous ayons réglé et encore moins repensé la question de l'écriture comme outil capable d'accompagner ces déplacements théoriques le plus justement possible. Nous mobilisons d'autres registres de savoirs en vue de comprendre de manière renouvelée des terrains de plus en plus hybrides, fort bien. Mais est-on sûrs que nous nous autorisions à transgresser les frontières au sein des sciences humaines ?

Décrire ou analyser ?

La littérature est devenue presque contre elle-même le lieu commun de la « *vulgate* », elle évoque et donne à sentir l'atmosphère d'un monde ; c'est pour cette raison qu'elle devient périlleuse pour les chercheurs en sciences sociales : y règnent en maîtres les métaphores et le langage figuré, la rhétorique habile qui éveille les sentiments et trouble le jugement, « *autant de traits d'une connaissance préscientifique* » (Reichler). Dès lors, ce modèle positiviste de la science documentaire n'autorise une forme qui soigne ses effets que dans le contexte de la vulgarisation.

Lorsqu'un anthropologue se voit taxé de « *littérature* », il se trouve nécessairement pris, comme l'avait remarqué Debaene, dans une problématique dont les possibilités de justification se révèlent bien étroites. Première option : j'écris de manière à la fois esthétique et lisible afin de toucher un plus vaste public que mon monde académique, et je le fais au nom de la restitution et du partage des conditions de production de la science avec le plus grand nombre. Deuxième option : il est parfois plus intéressant de restituer les conditions de production de l'objet

IL EST PARFOIS PLUS INTÉRESSANT DE FAIRE SENTIR LA RÉALITÉ RELATIONNELLE D'UN TERRAIN, SA TEXTURE VISUELLE ET OLFACTIVE, SES GUERRES ET SES PEINES, SES JOIES ET SES DÉSESPOIRS.

de recherche, de faire sentir la réalité relationnelle d'un terrain, sa texture visuelle et olfactive, ses guerres et ses peines, ses joies et ses désespoirs, c'est-à-dire de dévoiler la manière dont les idées se sont construites, que de ne publier qu'un *ready-made* savant dont la construction d'horlogerie fine n'est jamais dévoilée.

Ces deux options justificatives restent d'actualité et expliquent la difficulté française à saisir les travaux américains des années 1980 et 1990 sur l'écriture de l'ethnographie, qui peuvent paraître épistémologiquement faibles. Geertz parle de « *construction imaginative* » simultanément qu'il défend la nécessité de mettre en œuvre un « *art de la description dense* ». Aux États-Unis et dans le sillage des études postcoloniales, le *linguistic turn* est un bon exemple de lieu où le travail d'écriture reprend une place importante dans l'anthropologie. Poussée à l'extrême, cette théorie implique que l'anthropologie n'est qu'un texte, ce qui implique que ses praticiens renoncent à la possibilité de dire quelque chose de valable au sujet de l'altérité, que la mort de l'objectivité laisse pourrir dans son sillage une multitude de sujets impénétrables hors d'une préhension émotive et interpersonnelle. Si, avec ce corpus d'idées, l'anthropologie n'a dès lors pas plus de valeur qu'un roman, on peut comprendre que la communauté scientifique les rejette violemment. À ceci près que la théorie projective, suivant laquelle nous avons pu taxer nos prédécesseurs de « *littérateurs* », est en étroit compagnonnage avec ces idées et qu'elle est allégrement activée par les défenseurs d'une science plus positive, lorsqu'ils s'attaquent à leurs supposés détracteurs. Les écrivains de récits de voyage d'hier et d'aujourd'hui n'ont jamais accès à l'autre, mais projettent leurs représentations sur ceux qu'ils visitent. Or on voit bien la limite de la thèse projective, témoignant d'une mélancolie sans fond redoublée de l'enterrement de tout humanisme, puisque même les constructions « *objectives* » de recherches singulières peuvent tomber sous son joug : vous avez voulu forcer les altérités de ces êtres dans des cadres analytiques qui ne sont pas les leurs mais les vôtres ; ce faisant, vous les avez vidées d'elles-mêmes, et vous vous retrouvez une fois de plus face au miroir craquelé qui vous renvoie votre propre image, fin de l'histoire. Il vous est dès lors impossible de connaître l'autre. Ce renoncement m'apparaît comme la nouvelle la plus tragique qui soit. Il ne laisse en partage à l'épistémologie des sciences humaines, comme le dit Reichler, que « *la délectation morose ou la dénonciation militante – deux attitudes assez peu scientifiques* ».

Pour qui écrit-on ?

Il me semble assez évident de commencer par dire : je mets ma plume au service du collectif indigène qui m'a accueillie, parce que cela est pour moi l'un des enjeux politiques majeurs de l'anthropologie actuelle. Mon travail, c'est de traduire les manières d'être au monde de ceux dont les voix ont été passées sous silence pendant plusieurs siècles, et à qui de surcroît on a commandé de devenir ceci ou cela de manière à s'insérer convenablement à la société moderne. Si l'anthropologie porte le stigmate de la colonisation, autant porter ce stigmate avec dignité : faire de l'anthropologie aujourd'hui, c'est rendre la parole aux collectifs indigènes que l'on étudie, et pas de n'importe quelle manière. Il s'agit de restituer leurs voix en sorte qu'elles soient en mesure de toucher ici-même ; il faut pouvoir créer des formes de restitution aussi puissantes que les mots qu'eux-mêmes utilisent pour se lier au monde.

MON TRAVAIL, C'EST DE TRADUIRE LES MANIÈRES D'ÊTRE AU MONDE DE CEUX DONT LES VOIX ONT ÉTÉ PASSÉES SOUS SILENCE PENDANT PLUSIEURS SIÈCLES.

Mais face à cette belle idée, une nouvelle difficulté émerge : aujourd'hui, les documents que nous déposons dans le monde sont livrés à un public asséné d'images animées et de clichés exotiques : existe donc toujours le risque qu'un texte trop littéraire soit récupéré par les processus de folklorisation que manie à merveille un monde médiatique en mal de sens, tordant les mots à tel point qu'à leur réception ils n'ont plus rien à voir avec ce qu'ils disaient lors de leur création. Dans ces conditions, comment ne pas se taire, puisque les idées que nous livrons à nos contemporains vont forcément être pliées par un public acculturé à un exotisme imaginaire d'une part et, de l'autre, réprouvées par des collègues qui, de manière très compréhensible, préfèrent ne pas prêter le flanc à une récupération médiatique erronée et restent donc confinés dans leur discipline sans risquer de se voir « altérés » ? C'est un vrai problème, auquel il n'est pas aisé de répondre.

Écrire pour d'autres que soi avec le souci que ces autres saisissent nos idées, ce n'est pas lisser les aspérités d'une pensée de façon à la rendre commune et « *vulgaire* » ; c'est au contraire reconnaître par et dans l'écriture que le système stabilisé que nous produisons sur tel ou tel collectif n'a plus grand-chose à voir avec la texture particulière d'un terrain, sa rugosité et son hybridité. Mettre au jour cette réalité permet de faire résonner deux formes : la description fine des situations vécues, et l'analyse passant souvent par la construction d'un édifice intellectuel pour les comprendre. Les mettre en face-à-face au sein d'un même texte autorise le dialogue et rend évident les artifices dont l'une comme l'autre forme relèvent. L'artifice de la langue, pour décrire et sentir le mieux possible ; l'artifice de la construction théorique, pour démêler le flux de l'expérience et comprendre le mieux possible. Nous n'avons à renoncer à aucun de ces deux artifices. Notre travail doit à la fois donner une description évocatrice des manières de vivre auxquelles nous nous exposons et proposer un projet minutieux consistant à refonder de nouveaux outils heuristiques afin de mieux les saisir. Il n'y a donc pas à choisir entre la description littéraire et l'analyse théorique, entre la « *forme* » et le « *fond* » – et d'ailleurs, qui saurait dire sans hésitation si la poule vient de l'œuf ou l'œuf de la poule ? Plus que de l'interpénétration, l'une est la raison d'être de l'autre, de manière réciproque et réversible.

Aux deux options justificatives évoquées plus haut dont dispose l'aventureux qui décide de faire de la science *et* de la littérature à l'heure

IL N'Y A PAS À CHOISIR ENTRE LA DESCRIPTION LITTÉRAIRE ET L'ANALYSE THÉORIQUE, ENTRE LA « *FORME* » ET LE « *FOND* » : L'UNE EST LA RAISON D'ÊTRE DE L'AUTRE.

actuelle, je voudrais en ajouter une troisième. Une fois encore, il faut se reposer la question du terrain en tant que fil rouge. Les « *acteurs eux-mêmes* » doivent, d'une manière ou d'une autre, primer sur l'intertextualité de l'anthropologie, justement parce qu'elle est d'une fatale évidence – nos textes n'ont de cesse de répondre à ceux de nos collègues contemporains et de nos maîtres passés. La question que peut se poser le chercheur perdu entre les genres qui souhaite s'extirper de sa guerre mentale devient : à qui dois-je rendre justice par mes mots ? En écoutant le cœur avant la tête, la réponse se clarifie : au collectif rompu mais vivant qui m'a accueilli chez lui et dont je me propose de traduire les fragiles manières d'être au monde. Dès lors, la question de la forme, c'est-à-dire des manières multiples dont nous allons traduire leurs vies, retrouve ses lettres de noblesse. La matière gît dans les données hybrides glanées et rassemblées par l'ethnographe, mais quels sont les mots justes pour les mettre en lumière sans verser dans l'autofiction ? Comment écrire sur et depuis cette ligne de crête, cette zone liminaire située entre la nécessité de restituer les conditions d'une rencontre en même temps que les réalités que les gens traversent hors de nous, ainsi que leurs manières, toujours réfléchies, de mettre en mots les êtres de leur milieu afin de se mettre en mouvement à leurs côtés ? Comme Stendhal dans ses *Chroniques italiennes*, nous ne sommes pas forcés de perdre toute idée d'un collectif temporaire qui se créerait entre l'auteur, le sujet et le lecteur. Et, à défaut d'un collectif, au moins d'une circulation dynamique qui donne du sens à chacun des trois termes en présence.

Cette réflexion concerne par ailleurs tous les modes de restitution, l'anthropologie visuelle comprise. C'est pour tenter de pluraliser les formes et toucher les gens ici-même qu'avec Daria, femme Even à la tête d'un clan familial au Kamtchatka en Russie, nous avons décidé de faire un film. Ce projet a émergé à Tvaïan, dans le camp de chasse où elle vit. Depuis longtemps, elle sait que j'écris un livre, et m'observe gratter sur mes carnets avec amusement aux heures tardives du jour. Un soir, alors que nous discutions autour du feu, j'ai eu une idée un peu décalée, et lui ai dit : « *Tu sais, on pourrait restituer ta parole non seulement sous forme d'*écrits, *mais aussi sous forme d'images.* » Et encore : « *Un film chez nous, c'est souvent plus vu qu'un livre n'est lu.* » Sa réponse ne quittera jamais ma mémoire : « *Est-ce que je pourrais raconter mon histoire ? Toute l'histoire ?* » La beauté de ce moment presque surréaliste, résultat d'une contingence heureuse qui m'avait menée dans cette profonde forêt et qui l'avait, elle, confrontée à une Française qui voulait l'écouter, c'est que nos désirs respectifs coïncidaient. C'est précisément là que le projet anthropologique me semble tenable : mettre nos outils, un film, un livre, etc., au service de personnes qui ont opéré à des choix existentiels face à une histoire coloniale et à des politiques d'assimilation drastiques, des choix qui deviennent autant de réponses à des effondrements systémiques, et qui n'ont pourtant jamais été rendus publics.

Le dehors des mots

Allons plus loin encore. Quelles sont les conséquences, sur les manières de restituer la parole prêtée, de la fragmentation des collectifs et de l'irruption de l'incertitude généralisée dans la vie de ceux que nous prétendons étudier ? Comment écrire face à des êtres et des collectifs qui débordent désormais les cadres qu'on voulait leur assigner – et qui n'y ont peut-être jamais tenu ? Quelle forme produire, si justement les formes que nous connaissions et que nous pratiquions se délitent de toutes parts autour de nous ? Quels faits sociaux stables pouvons-nous encore documenter ?

Selon Debaene, « *pour l'ethnographe, un document fiable, c'est par exemple un mythe, dont il sait qu'il n'a pas été embelli parce qu'il l'écoutait, un rite dont il sait qu'il n'a pas été modifié parce qu'il était présent, etc. À l'inverse, le "littérateur", c'est le pseudo-historien ou le pseudo-ethnographe dont le discours n'est pas digne de confiance parce qu'il se soucie de son public, parce qu'il soigne ses effets…* ». Cette dualité est très intéressante, car tout ethnographe sait qu'elle n'existe que et seulement que dans l'esprit de celui qui croit encore à l'objectivité présumée de son regard. Un mythe, un rite, une parole sont toujours modifiés par les êtres du dehors, leur principe même étant d'être suffisamment flexibles pour justement pouvoir les intégrer. Je pense par exemple au *naa'in* des Gwich'in d'Alaska, cet homme des bois mi-animal et mi-esprit qui peuple les espaces sombres et rarement parcourus par les humains de la taïga alaskienne. Au fil de mon investigation, je me suis rendu compte que cet être mythique ne vivait pas dans les limbes d'un temps immémorial, mais qu'il était convoqué quotidiennement et hybridé avec les nouveaux arrivants. Il pouvait être féminin autant que masculin et, mieux encore, il pouvait être gwich'in autant qu'américain ou canadien. Le vieux *naa'in* se mélangeait allègrement avec ceux qui étaient arrivés il y a peu, alors que son existence à lui remontait au temps mythique.

L'idée d'un « *environnement* » de l'histoire qui n'aurait aucun effet sur l'histoire elle-même tombe ici complètement à l'eau. Et si ce que nous avions bien mal nommé des « *effets de contexte* » autour d'une histoire étaient ceux qui actualisaient l'histoire, et s'ils en venaient à la constituer presque tout autant que l'agencement des mots eux-mêmes ? Je pense encore à Daria en pays Even, à ses bottes de fourrure qui crissent sur la neige à mesure qu'elle piétine, à sa main nue qui fait aller et venir le fil de pêche dans le trou de glace, à l'agacement qui se fait sentir dans ses yeux alors qu'elle n'attrape rien, à sa tête qui se tourne brusquement alors qu'une branche craque non loin. Je me remémore le rêve qu'elle m'a raconté ce matin avant de s'habiller pour sortir, qui lui indiquait pourtant ce lieu particulier et les poissons qui devaient l'y attendre et se donner à elle. C'est à ce moment précis qu'elle commence à parler, me narrant les crasses que certains animaux *tricksters* font vivre aux humains, qu'elle me parle de leur *métis* aguerrie qui fait vaciller notre compréhension du monde, de leurs ruses qui font dévier nos trajectoires au moment où l'on s'y attend le moins. L'histoire que me narre Daria est racontée sous forme de mythe ; mais le mythe est énoncé à cet instant-là pour répondre à ce blocage dans l'expérience. Ce sont toujours les êtres du dehors qui nous invitent à convoquer une histoire, ce sont donc ces êtres et ce dehors qu'il faut redécrire si l'on veut comprendre de quoi il retourne.

La parole performative comme contre-terreur

L'espace commun et partageable qu'il me paraît très important de saisir à l'heure actuelle se redessine par l'instabilité de nos milieux de vie et dans l'incertitude qui déborde nos quotidiens. C'est cet instant de réflexivité inespérée, ce moment où eux depuis leurs mondes, nous depuis les nôtres, nous mettons à douter, de nos outils conceptuels, de nos histoires et de nos mythes respectifs. Ce moment où l'autre, en face, nous redéfinit plus que nous le souhaiterions lorsque nos méthodes éprouvées échouent, lorsque le sens devient hermétique si l'on reste prostré sur sa propre focale d'analyse. Pour moi, ce furent Arendt, Quignard et Latour empilés les uns sur les autres dans une cabane en Alaska alors que je tentais de saisir ce qu'était l'animisme ; ce fut aussi Hugo, Verne et Zola côtoyant Dostoïevski, Tolstoï et Pouchkine, peuplant depuis des décennies, et par effet de la colonisation soviétique de l'imaginaire, les étagères d'une bibliothèque Even dans un camp de chasse au Kamtchatka ; ce fut Volodia me commentant *Le Dernier Jour d'un condamné* tout en tannant une peau de renne. C'est de ces liens impossibles et mineurs dont il faut se soucier depuis l'endroit d'une recherche située, car ils sont à même de reconstruire brique par brique les ponts détruits entre des mondes qui se sont fait violence.

Que se passe-t-il lorsqu'un monde s'effondre et que l'on ne sait pas ce qui va se passer ensuite ? Je pense à Char, homme de lettres se faisant homme d'action pendant la Seconde Guerre mondiale en s'engageant dans la Résistance ; à Daria, pharmacienne partant en forêt après la chute de l'Union soviétique avec ce qui lui restait de sa famille décimée par le communisme puis le banditisme. Depuis leurs refuges, l'un comme l'autre s'autorisent à parler sur, pour et avec les êtres du dehors, alors qu'autour tout n'est plus que ruine ; leurs mots deviennent autant de réponses à l'abîme qui s'ouvre sous leurs pieds. Lorsque Daria m'explique pourquoi elle part, après que toutes les structures qui avaient constitué son économie de vie jusque-là se soient effondrées, elle énonce deux choses : recommencer à parler avec les êtres qui peuplent la forêt ; recommencer à rêver. Au village, elle ne s'adressait plus à eux, ils étaient loin et avaient été relégués au silence. Ici en forêt, c'est différent : sans leur concours, la survie des humains est impossible. Elle utilise des mots pour s'adresser à eux chaque jour, et ces mots

QUE SE PASSE-T-IL LORSQU'UN MONDE S'EFFONDRE ET QUE L'ON NE SAIT PAS CE QUI VA SE PASSER ENSUITE ?

ne sont pas choisis au hasard. Nommer ceux qui l'entourent et trouver la manière juste de s'adresser à eux devient une forme de résistance concrète à la narration gouvernementale, un recours inaltérable, parce qu'il autorise une liberté de relation avec le monde. Par analogie, dans mon monde, il n'y a pas si longtemps, je pense aux poésies qui se passaient sous le manteau pendant la guerre, à la répression subie par les auteurs de ces pauvres agencements de mots qui faisaient si peur, parce qu'ils dévoilaient un sens en même temps qu'ils le recouvraient. Pourtant c'était alors cette écriture non dogmatique qu'il fallait protéger coûte que coûte : protéger ce qui ne se donne pas immédiatement, protéger ce qui résiste, protéger ce que l'on ne comprend pas totalement et que l'on ne pourra donc jamais contrôler.

IL FAUT PROTÉGER CE QUI NE SE DONNE PAS IMMÉDIATEMENT, PROTÉGER CE QUI RÉSISTE, PROTÉGER CE QUE L'ON NE COMPREND PAS TOTALEMENT ET QUE L'ON NE POURRA DONC JAMAIS CONTRÔLER.

Dire les paroles qui comptent, écrire les mots qui touchent, en ce sens, deviennent des actes de liberté politique. J'entends les prières que Daria adresse à la rivière, ces mots qu'elle me répète gentiment en rechignant à me donner la formule exacte, okat méné touroutishtili koyané kongnal badouda, je me heurte aux sons qu'elle module en chuchotant, à ce qu'elle y met d'elle-même, ces mots dans sa bouche sont plus que des mots, ils doivent être porteurs d'une résonance pour la rivière. Saisons après saisons, les humains les ont choisis attentivement parce qu'ils étaient destinés à ces êtres-là, parce qu'ils pouvaient produire ces effets-là. Rivière ne sors pas de tes gonds, tu vois, des enfants voyagent. L'intention placée dans une formulation *devient* la formule, à partir du moment où les locuteurs ont conscience de sa valeur performative. Dire cela, c'est accorder aux êtres du dehors la capacité d'une écoute, et la possibilité d'une réponse. Ainsi, en suivant Daria qui s'adresse à eux, dire ou écrire certains mots plutôt que d'autres compte : ce choix est un positionnement dans le monde. Si le choix est bon, peut-être que nos mots se répercuteront chez leurs destinataires ; peut-être même qu'ils les feront bouger intérieurement. Il me semble qu'il est possible de faire avec nos contemporains la même chose que ce que Daria fait avec la rivière : s'adresser à eux comme à des êtres dotés d'une trajectoire qui leur est propre mais aussi d'une attention à tout ce qui n'est pas eux ; ils s'allient ainsi à nous dans la parole prononcée. Pour ces raisons, Daria Banakanova l'Even me fait penser à René Char le Français, elle éveille en moi cet absent, parce que lui aussi, parmi d'autres, a cherché quelles étaient les voix à même de restaurer les relations face à la vision d'un avenir impossible. La poésie de Char comme les formules de Daria, comprises ainsi et replacées dans le monde à partir duquel elles montent, deviennent une contre-terreur. L'attention que leurs mots témoignent aux détails de tout ce qui vit autour, se donnant toujours en mode mineur, constitue l'une des résistances les plus porteuses d'espoir qui soit.

COMBIEN D'ENTRE NOUS SOMMES, COMME CAMUS, « *VITRIOLÉS* » PAR LE DOUTE FACE À L'ÉTAT DE NOS VIES ET DU MONDE ?

Nommer et s'adresser ici c'est donc rendre possible, se rapprocher d'un inaccessible qui tient éveillé le courage ; on aura su se lier d'amour et de peine, on aura su dire nos attaches et leur conférer ainsi une existence dans le devenir. Combien d'entre nous sommes, comme Camus, « *vitriolés* » par le doute face à l'état de nos vies et du monde ? Que nous reste-il ? La vibration du langage, le choix des mots pour faire honneur aux êtres que l'on aime et, selon la formule camusienne, « *se donner à la dignité des vivants* ». Choisir de se lier aux êtres « *par mille fils confiants* » ; choisir de jeter à la poubelle nos subjectivités rapiécées d'arlequins, en se rappelant de ce qui tient, de ce qui résiste, en nous et hors de nous, de ces petits riens inaltérables qui ne seront jamais colonisés, et que l'on pourra passer des milliers de pages à formuler et reformuler, tant ces fragments sont tout ce qu'il reste.

« *Vous allez plus loin que les autres, n'ayant rien exclu* » écrit Camus à Char. On aurait tort de penser qu'il fait référence aux seules idées noires et à la part obscure et mélancolique qui trouble le jugement du poète. Char comme Daria n'excluent rien. Aucun être, aucune situation, aucune politique, aucune actualité, aucun passé, aucun sentiment. Ils tentent de les faire résonner ensemble dans une multitude d'accords et d'arrangements. Mais le poète comme Daria s'adressent à un monde animé qui tôt ou tard débordera leurs agencements de mots les mieux choisis. Il le sait, elle le sait, et ce savoir-là change absolument tout.

> « *Ah ! Le pouvoir de se lever autrement.*
> *Dites, ce que nous sommes*
> *nous fera jaillir en bouquet ?* »
> René Char,
> *Les Compagnons dans le jardin*, 1956.

TÊTES DE NŒUD

Une résolution du paradoxe de la cravate

PAR **David GRAEBER**
TRADUIT DE L'ANGLAIS (ÉTATS-UNIS) PAR SAMUEL ROUX [1]

Pantalon à pinces (noir, gris ou bleu marine), chemise (blanche), blazer (assorti au pantalon), souliers (vernis), ceinture (en cuir noir) et... cravate. C'est à ce dernier élément du costume classique – par ailleurs l'un des seuls accessoires du vestiaire masculin pour lequel on tolère une touche de couleur ou de fantaisie – que David Graeber – qui n'était pas connu pour son attachement viscéral aux normes bourgeoises d'habillement – avait consacré cette petite promenade dans l'histoire et la sociologie du vêtement. Et c'est en anthropologue qu'il avait mené cette réflexion, critique et caustique, organisée autour d'une interrogation mystérieuse : mais que symbolise la cravate, véritable emblème et synecdoque du costume ? Que cherche-t-elle à cacher – ou à dévoiler ?

Certaines personnes (moi le premier) s'efforcent consciencieusement d'organiser leurs vies de façon à ne jamais avoir à porter de cravate. Je me suis souvent demandé pourquoi. Pourquoi les cravates sont-elles investies d'un pouvoir symbolique aussi puissant ? Ce n'est pas comme si les autres éléments du costume conventionnel – la chemise blanche, le pantalon sur mesure, le gilet, le blazer – suscitaient une forme similaire d'indignation. Quelque part, ce geste de nouer une cravate autour de son cou revient à produire un acte définitif de fermeture. C'est l'acte qui transforme tous ces éléments disparates en un costume, avec tout ce qu'il implique – que l'on pense au pouvoir de la salle de réunion ou aux formalités cérémonielles que sont les mariages et les enterrements : tout ce monde des affaires officielles sur lequel règnent invariablement des hommes en costume. Une partie de l'opposition à la cravate vient sans aucun doute de l'aspect purement arbitraire de cet accessoire. Une cravate ne remplit aucune fonction. Elle ne maintient pas votre pantalon en place, pas plus qu'elle ne vous tient chaud.

Par ailleurs, elle est inconfortable, au point où la passer équivaut d'une certaine façon à accomplir un geste de soumission, une promesse de loyauté un peu forcée envers tout ce que le costume est censé représenter.

Et pourtant à bien y réfléchir, il y a quelque chose d'étrange qui se joue ici – une sorte de paradoxe. Certes, la cravate incarne le message du costume, mais à bien des égards elle fait aussi tout le contraire. Après tout, le reste du costume est presque entièrement dépourvu d'éléments décoratifs. Les costumes sont généralement sombres, sobres et barbants. Les cravates sont censées tenir lieu d'exception. La cravate est le seul espace où l'on tolère que vous ajoutiez une touche de couleur, que vous exprimiez un peu votre personnalité. Dans ce cas, pourquoi cet accessoire, qui détonne presque avec le reste du costume, nous apparaît-t-il comme l'incarnation même du message véhiculé par cet habillement ?

Prêt, feu, revêtez !

Les conventions vestimentaires masculines n'ont pas toujours été ennuyeuses. À l'époque élisabéthaine par exemple, les hommes – en particulier lorsqu'ils étaient riches et puissants – étaient tout aussi enclins que les femmes à se parer de bijoux tape-à-l'œil et à se draper de vives couleurs. Ils allaient même, comme il était coutume à la cour de Louis XIV, jusqu'à porter des perruques, se poudrer le visage et mettre du rouge à lèvres. C'est au XVIIIe siècle que tout changea, une période que certain·e·s historien·ne·s du vêtement ont appelée l'ère de la « grande renonciation masculine ». Soudainement, on a exigé du vêtement masculin qu'il soit moins ornemental et, plus généralement, qu'il présente un caractère plus professionnel que le vêtement féminin. En définitive, quelque chose de très semblable à notre costume d'affaires actuel a fait son apparition : homogène, de couleur sombre (plus le contexte est sérieux, plus il devra être sombre), avec peu ou pas de motifs – sa fadeur même venant incarner le sérieux de son objectif.

LES CONVENTIONS VESTIMENTAIRES MASCULINES N'ONT PAS TOUJOURS ÉTÉ ENNUYEUSES. LES HOMMES ONT PU, EUX AUSSI, SE PARER DE BIJOUX TAPE-À-L'ŒIL ET SE DRAPER DE VIVES COULEURS.

Ce costume d'affaires a émergé à l'époque de la révolution industrielle et il incarnait alors l'esprit de la bourgeoisie naissante. Les bourgeois méprisaient les dandys de l'aristocratie qu'ils assimilaient à des parasites. Ces mêmes hommes se percevaient au contraire comme des hommes d'action, définis par leur capacité à diriger et à transformer le monde. Ils étaient des producteurs, là où les aristocrates étaient de purs consommateurs. Et dans ce nouvel ordre bourgeois, la consommation devait rester le domaine des femmes, lesquelles allaient continuer de porter fonds de teint, rouge à lèvres, colliers et autres boucles d'oreilles (avec toutefois moins d'extravagance qu'auparavant) alors même que leurs époux les délaissaient.

Cette transformation explique la survivance d'un certain nombre d'usages curieux dans nos propres conventions vestimentaires : en anglais, on peut par exemple faire référence au blazer en parlant de « *sports jackets* » (veste de sport), quand bien même l'idée ne nous viendrait pas de courir un marathon vêtu de la sorte. En réalité, le costume d'affaires n'est pas l'héritier des tenues aristocratiques mais du vêtement de chasse – c'est pour cela que les amateurs de chasse au renard, par exemple, portent aujourd'hui encore une tenue qui s'y apparente grandement. Ces deux uniformes symbolisent une sorte de vêtement actif, adopté par une classe d'individus qui voulait justement se définir à travers ses actions.

À vrai dire, pour ce qui est de l'ascendance ultime du costume d'affaires, mes soupçons se portent sur l'armure. Après tout, le costume encage le corps en le couvrant autant que possible. En outre, les ouvertures minimales au monde extérieur que permet un tel vêtement – à la gorge et aux poignets – sont fermement resserrées par la cravate et les boutons de manchettes. Les contours du corps sont ainsi occultés, offrant un contraste saisissant avec les tenues féminines qui, même lorsqu'elles couvrent le corps, tendent toujours à le révéler, et notamment ses zones les plus sexualisées. Les jupes, y compris celles qui tombent jusqu'aux chevilles, ont tendance à former un cône ouvert dont l'apex se situe entre les jambes. Concernant le haut du corps, hormis aux époques les plus puritaines, l'usage a plutôt penché dans le sens d'un dévoilement de la poitrine. Alors que l'uniformité morne de l'accoutrement masculin semble conçue en vue d'effacer l'individualité, tout comme sa coupe est pensée afin d'invisibiliser le corps lui-même, les tenues féminines, elles, font de leurs propriétaires à la fois des individus et des objets soumis au regard. En effet, ce que garantissent les usages vestimentaires des classes supérieures, c'est que toute femme sera forcée de consacrer beaucoup de temps et d'énergie à s'autosurveiller afin d'être sûre de ne pas trop en dévoiler et, plus généralement, qu'elle sera contrainte de constamment réfléchir à son apparence.

ALORS QUE L'ACCOUTREMENT MASCULIN SEMBLE CONÇU EN VUE D'EFFACER L'INDIVIDUALITÉ, LES TENUES FÉMININES FONT DE LEURS PROPRIÉTAIRES DES INDIVIDUS ET DES OBJETS SOUMIS AU REGARD.

Et c'est toujours valable aujourd'hui. Il suffit de se rappeler les bals de fin d'année, véritables terrains d'affrontements sexuels, et leurs codes vestimentaires. Les garçons s'habillaient tous pareil. De fait, ils endossaient un uniforme. Mais si deux filles se retrouvaient à porter la même robe, alors là, bonjour le scandale!

Frêle regard

Selon moi, cet effacement même de l'individualité constitue en soi une expression du pouvoir. Michel Foucault a dit du XVIIIe siècle (l'époque qui a vu naître le costume d'affaires) qu'il avait signé une transformation profonde dans la façon dont le pouvoir était venu à s'exercer en Europe et sur le continent américain. Dans le système féodal, soutient Foucault, le pouvoir existait de façon à être vu. Il était inscrit jusque dans les corps des nobles et du roi, en constante représentation à travers les portraits, les tournois et les cérémonies de la cour. Les gens ordinaires n'étaient que des spectateurs et des spectatrices anonymes. L'État bureaucratique moderne a inversé les rôles: soudainement, ce sont les détenteurs du pouvoir qui sont devenus des anonymes, des abstractions dépersonnalisées, puisqu'ils se chargeaient de l'inspection, de l'examen et de la surveillance de tous les autres.

En réalité, Foucault évoque ici deux modalités différentes dans l'exercice du pouvoir, qui ont toujours existé et ce dans toutes les sociétés. Parfois, le général

LES DÉTENTEURS DU POUVOIR SONT DEVENUS DES ANONYMES, DES ABSTRACTIONS DÉPERSONNALISÉES, QUI SE CHARGENT DE LA SURVEILLANCE DE TOUS LES AUTRES.

aime à se pavaner en exhibant ses médailles, et parfois il inspecte les troupes, dont les membres sont tenus de garder les yeux rivés sur l'horizon. De fait, la stratégie la plus efficace dans la représentation du pouvoir a toujours été le refus de le représenter. C'est pourquoi de nombreuses traditions ont interdiction de représenter en images dieu ou les esprits. C'est aussi pourquoi la meilleure façon de prouver qu'une chose est véritablement puissante, c'est de la cacher, de la rendre invisible, ineffable, inconnaissable, totalement abstraite et dénuée de toute caractéristique. Ce qui est inconnu, soulignait en son temps Thomas Hobbes, est illimité pour cette même raison. Ça pourrait être tout et n'importe quoi, et vous devez donc être disposé·e·s à croire que c'est également capable de *faire* tout et n'importe quoi.

J'en propose une formulation simple. Exprimer le pouvoir en l'affichant revient à dire aux personnes sur lesquelles il s'exerce : « Admirez, voyez comme je suis traité. Si je suis traité de la sorte, c'est en raison de qui je suis. Désormais, vous aussi devez me traiter ainsi. » Les rois se couvrent d'or comme pour dire que nous devons également les couvrir d'or. À l'inverse, refuser une telle ostentation revient à dire : « Vous n'avez tout simplement pas idée de quoi je suis capable. »

Si cela est exact, alors la tenue masculine conventionnelle, qu'elle soit adoptée par les capitaines d'industrie ou par les fonctionnaires, commence à faire sens. Ces uniformes définissent les hommes de pouvoir à la fois comme des êtres actifs, productifs et puissants, mais aussi comme des glyphes du pouvoir – des abstractions désincarnées. Les tenues féminines conventionnelles, avec leurs falbalas, leurs fanfreluches, leurs sequins et j'en passe, définissent leurs propriétaires comme des choses que l'on regarde, des objets passifs. D'un autre côté, ces tenues rendent les femmes corporelles, spécifiques et même uniques. (Le mot « spécifique » a pour origine le latin *specere*, qui signifie « regarder ». La même racine nous a donné « spectacle », « inspection » et « spécimen »). Dans *Voir le voir* (*Ways of Seeing*), sa fameuse analyse de la peinture à l'huile européenne, John Berger remarquait que les hommes figurés dans ces mises en scène picturales si bourgeoises étaient toujours représentés par le biais de ce qu'ils étaient supposés capables de faire (la « *promesse de pouvoir* » qu'ils incarnaient). Au contraire, la présence d'une femme dans ces tableaux se distinguait

« L'HOMME FAIT ; LA FEMME EST. »

par la focalisation systématique sur son apparence, entendue comme révélatrice du soin qu'elle portait à sa personne – et par conséquent comme une indication sur le sort qu'il était acceptable de lui réserver. Robert Grave a résumé la chose encore plus précisément : dans le monde que ces tableaux dépeignent, « *l'homme fait ; la femme est* ». (Seulement il n'est pas certain que Graves ait voulu exprimer là une critique !)

Sémiotique de la braguette, ouverte

Alors qu'est-ce que les cravates viennent faire dans tout ça ? À première vue, le paradoxe n'a fait que se creuser davantage. Si le message véhiculé par le costume revient à dire de son propriétaire qu'il est une créature en grande partie invisible, abstraite et générique, définie par sa capacité d'action, alors la cravate ornementale n'a pas tellement de sens.

Mais penchons-nous sur d'autres formes ornementales tolérées dans les vestiaires féminins et masculins, et voyons si un motif plus général de pouvoir vestimentaire ne pourrait pas en émerger. Les ornements spécifiques aux femmes (boucles d'oreilles, rouges à lèvres, fards à paupières, etc.) ont tendance à mettre en valeur les organes réceptifs. Les quelques bijoux masculins acceptables – bagues, boutons de manchette, montres de luxe – ont tendance à mettre en relief les mains. Ce qui est cohérent, bien sûr : c'est par les mains que nous agissons sur le monde. Il y a aussi la pince à cravate, mais ce n'est pas tellement un problème. La cravate et les boutons de manchette semblent remplir leur fonction en parallèle : l'une et les autres ajoutent une touche de décoration en venant refermer une zone où la chair humaine dépasse, à savoir le cou et les poignets. Les deux contribuent également à isoler les parties exposées du restant du corps, qui demeure effacé et dont les contours sont pour la plupart invisibles.

Je crois que cette observation nous conduit vers la résolution de notre paradoxe. Après tout, le corps masculin revêtu d'un costume contient un troisième élément potentiellement embarrassant. Un élément qui n'est résolument pas exposé. Une chose qui, en vérité, n'est indiquée d'aucune façon, même quand il faut la sortir, à l'occasion, pour uriner. Les costumes sont taillés de sorte à permettre la miction, et cette dernière doit elle-même s'effectuer de sorte que personne ne la remarque. La braguette moderne (invisible) est une invention bourgeoise et elle contraste beaucoup avec les modes aristocratiques précédentes, à la Renaissance[2] par exemple, qui portaient souvent une attention explicite aux parties génitales. Dans le costume moderne, c'est l'unique zone du corps masculin dont les contours sont *intégralement* effacés. Si le fait de cacher quelque chose est une manière d'en affirmer le pouvoir, alors le fait de cacher les parties génitales masculines est une manière de revendiquer la masculinité elle-même comme une forme de pouvoir. Ce n'est pas seulement le fait que la cravate repose précisément à l'endroit qui, sur les tenues féminines, tend à être le plus sexualisé (le décolleté) : la cravate ressemble aussi au pénis dans sa forme, et elle pointe directement dans sa direction. Ne pourrait-on pas affirmer que la cravate est en réalité un déplacement symbolique du pénis, seulement un pénis intellectualisé, qui ne pendouillerait pas depuis l'entrejambe mais depuis la tête, sélectionnée parmi une variété quasiment infinie d'autres cravates dans un acte conscient et délibéré ?

Mais bon sang, tout ceci expliquerait pas mal de choses – par exemple le fait que les hommes qui portent des nœuds papillons soient universellement considérés comme des *nerds*. Certes, on pourrait voir derrière le nœud papillon le symbole d'une paire de testicules. Mais même si c'était le cas, les nœuds papillons sont petits, et ils pointent carrément dans la mauvaise direction. Les mafieux portent des cravates trop grosses et trop colorées. Les dandys décadents arborent des cravates fines. Les cow-boys portent ces cravates texanes[3] qui produisent l'effet que l'on pourrait attendre du port simultané de la cravate et du nœud papillon – d'ordinaire, on les trouverait trop grossières, mais les cow-boys appartiennent à ces « mâles alpha » mythiques qui peuvent toujours s'en tirer. (James Bond peut également s'en tirer avec un nœud papillon, mais après tout il n'est déjà pour l'essentiel qu'un pénis géant.)

LA CRAVATE SERAIT-ELLE EN RÉALITÉ UN DÉPLACEMENT SYMBOLIQUE DU PÉNIS ?

Dans le monde professionnel, les femmes ont fait face à d'innombrables difficultés afin de trouver quoi se mettre autour du cou. Porter une cravate fait l'effet d'une menace, d'une provocation sexuelle. Il est tout à fait significatif que la cravate soit l'unique élément du vestiaire masculin que les femmes n'aient pas été autorisées à adopter. Dans les années 1980 et 1990, il y a bien eu quelques tentatives de développer les lavallières, mais sans véritable succès. La bienséance d'aujourd'hui exige d'une femme qu'elle ne mette rien du tout sur cette ouverture révélée par la veste, et qu'elle laisse simplement l'absence parler d'elle-même.

Je vous laisse le soin de poursuivre la réflexion. Mais permettez-moi de formuler une dernière remarque concernant le genre. En tant qu'anthropologue, j'ai conscience que l'une des caractéristiques les plus répandues du patriarcat – et qui se confirme dans bien des endroits, depuis le continent africain jusqu'à la Suède, en passant par la Nouvelle-Guinée – est cette espèce d'idée selon laquelle les femmes seraient du côté de la production naturelle (elles portent les enfants) et les hommes du côté de la production culturelle (ils créent la société). Pour le dire sans ambages, c'est un mensonge patent – où que vous alliez, vous pourrez constater que les femmes participent elles aussi à une part écrasante du travail de production sociale. Il faut donc que le message des patriarches se communique de façon oblique. Et je soupçonne les conventions vestimentaires traditionnelles d'être l'une des expressions de ce message.

Il faut l'envisager ainsi : si personne ne portait de vêtements, alors l'appareil génital masculin ressortirait de façon manifeste, tandis que l'appareil génital féminin resterait en grande partie dissimulé. Il se pourrait que tout l'objectif des normes vestimentaires soit d'inverser cette possibilité. Une manière d'affirmer : « Oui, dans la nature, ce sont les femmes qui disposent des pouvoirs de création, mystérieux et cachés, mais une fois que nous sommes tous habillés et civilisés, c'est précisément le contraire. »

1. Ce texte a été initialement publié en mars 2015 sur le site The Baffler sous le titre « Dickheads. The paradox of the necktie resolved ».

2. Contrairement à la braguette des pantalons modernes, la braguette de la Renaissance prenait la forme d'une pièce d'étoffe rembourrée aux proportions volumineuses, portée essentiellement par les hommes de la noblesse (NdT).

3. Également appelées bolo ou *bolo ties*, ces cravates consistent en une fine cordelette rattachée généralement par un médaillon ou une autre pièce décorative (NdT).

LA SANTÉ AUTREMENT

Expériences communautaires, féministes et antiracistes

PAR Claire RICHARD

La crise du Covid a mis en lumière le dévouement et la compétence de dizaines de milliers de soignant·e·s. Mais elle a aussi rappelé certaines des caractéristiques du système de soin français : une gestion néolibérale et verticale, une difficulté à considérer les personnes concernées comme des sujets ayant voix au chapitre et non de simples malades à guérir. En janvier 2021, une tribune signée par de nombreux professionnel·le·s de santé, publiée dans *Le Monde*, appelait à la création d'un système de santé plus participatif et plus démocratique pour le XXIe siècle. Ces revendications font écho à une tendance de fond : un désir de repenser la santé comme lieu politique et de faire soin autrement.

Des malades qui en savent plus que leurs médecins sur leurs maladies, des prostituées qui écrivent des lettres au ministre de la Santé dans lesquelles elles expriment les mesures dont elles ont besoin, des usagers et usagères de drogues qui organisent la prévention qui leur manque, des militant·e·s qui pratiquent le dépistage et des médecins aux yeux desquel·le·s parler des discriminations subies par leurs patient·e·s fait partie du métier – il existe déjà tout un répertoire de pratiques de soin alternatives.

Santé communautaire, santé féministe, santé antiraciste : ces pratiques ont en commun d'interroger la répartition des savoirs entre expert·e·s et non-expert·e·s, de remettre au centre les personnes concernées et de penser la santé comme un fait global dépendant des conditions sociales. Ces manières de faire soin prennent en compte les inégalités et dominations à l'œuvre et essaient de les combattre. Elles imaginent, en bref, la santé comme un lieu politique où l'on peut gagner en autonomie plutôt qu'en perdre.

Le pouvoir des médecins, bastion français

Aux États-Unis, au Canada, en Belgique, l'idée que le patient puisse être acteur de ses soins n'a rien de furieusement radical. Elle peine pourtant à s'imposer en France. Car dans l'Hexagone, c'est le médecin qui est la pierre angulaire du système de soin. Celui-ci est structuré en deux grands domaines, l'hôpital et la médecine de ville, et dans les deux cas le médecin est le décideur principal : ses décisions et ses prérogatives priment sur celles des autres professionnel·le·s de santé[1]. Toute délégation de compétence, par exemple à des sages-femmes, des infirmières et infirmiers ou des pharmacien·ne·s, fait l'objet d'âpres négociations[2]. Les syndicats des médecins sont puissants et les pouvoirs publics osent rarement s'opposer à eux. Le soin reste donc une affaire d'expert·e·s, formé·e·s lors d'études longues et exigeantes, apprenant leur métier en grande majorité à l'hôpital lors des stages d'internat.

Ces dernières années, de plus en plus de voix dénoncent la brutalité d'une médecine extrêmement efficace au plan technique mais profondément déficiente dans son rapport aux patient·e·s et aux autres professions médicales. Dans *Les Brutes en blanc*[3], le médecin Martin Winckler recense les maux dont souffre la médecine française : culture hiérarchique favorisant abus de pouvoir, maltraitance médicale, paternalisme, manque d'intérêt envers la parole des patient·e·s, remarques sexistes ou racistes… Dans cette culture, ce qui relève de l'écoute des patient·e·s, de leur compréhension et de leur accompagnement global est relégué aux infirmières et infirmiers, aux sages-femmes, aux kinésithérapeuthes, aux psychologues… « *L'affaire des médecins, c'est le savoir et les pouvoirs qui en découlent* », accuse l'ancien généraliste.

« *Avec la domination de la médecine libérale et les progrès de la médecine biotechnologique, la conception de la santé en France est restée centrée sur le soin* », explique le docteur Didier Ménard, ancien généraliste et militant d'une médecine « sociale ». Le « soin » s'entend souvent comme les actes conduisant à la guérison physique : le diagnostic, les traitements, les opérations, les prescriptions… Mais beaucoup plaident en faveur d'une définition élargie qui prenne en compte l'accompagnement, la compréhension et le bien-être global des personnes. Car, poursuit Didier Ménard, « *la santé c'est bien plus que ça. L'Organisation mondiale de la santé la définit comme une recherche d'harmonie médico-psycho-sociale, bien plus que comme la simple absence de maladie*[4] ». Aujourd'hui, avec le vieillissement des populations et le développement des maladies chroniques, l'importance de la prévention et du suivi ne cesse de croître. Dans la médecine traditionnelle axée sur le soin, ces dimensions ne sont pas centrales. Mais il existe une autre tradition sanitaire qui a pourtant fait ses preuves dans le domaine : la santé communautaire.

LA MÉDECINE FRANÇAISE SOUFFRE DE SA CULTURE HIÉRARCHIQUE FAVORISANT LES ABUS DE POUVOIR, LA MALTRAITANCE MÉDICALE, LE PATERNALISME, LES REMARQUES SEXISTES OU RACISTES…

Brève histoire de la santé communautaire en France : le tournant des années sida

« *Voilà quarante ans que la santé communautaire existe en France, pourtant cette pratique n'est toujours pas vraiment reconnue, ne serait-ce que parce qu'on n'en a toujours pas de définition précise* », explique Stéphane Giganon, directrice de qualité et évaluation à l'association Aides. « *Ce qui la définit, c'est plutôt des valeurs et des principes, à commencer par le fait que la personne concernée soit au centre, voire à l'initiative du projet de santé.* » La santé communautaire part ainsi des vécus individuels, des besoins tels qu'ils s'expriment « *sur le terrain* », puis s'appuie sur les réseaux sociaux existants, les compétences et les savoir-faire des populations. Elle se fonde sur une « *approche globale* » en santé[5] qui prend en compte ses déterminants sociaux : conditions sociales, environnement… Surtout, elle fait une large place aux non-soignant·e·s : « *Les initiatives de santé communautaire se caractérisent par la capacité à perturber les frontières entre ce qui est médical et ce qui ne l'est pas – entre le soin, la prévention et le* care », écrivent Jean-Paul Gaudillière, Caroline Izambert et Pierre-André Juven dans *Pandémopolitique*[6].

La santé communautaire prend sa source dans les années 1960 et 1970. La critique du « *pouvoir médical* » suscite de nombreuses initiatives de réappropriation de la santé. Aux États-Unis, de jeunes médecins ouvrent des *free clinics*, des dispensaires où les soins sont gratuits et qui visent à répondre aux besoins des plus pauvres[7], les Black Panthers animent des dispensaires où l'on trouve des permanences juridiques et de l'éducation populaire[8], les Young Lords font du dépistage et animent des programmes de désintoxication qui pensent l'addiction comme une réponse à l'oppression raciste[9], des féministes ouvrent des centres de santé animés uniquement par des militantes lancent des groupes de *self-help* dans lesquels les femmes échangent savoirs et expériences autour de thèmes comme la sexualité, la santé, la contraception, les violences… À la même époque, s'il existe en France des critiques de la médecine et des tentatives de la réinventer venant de médecins (Groupe Information Santé, mobilisations autour de la médecine du travail, unités sanitaires de base[10]), les seules expériences de santé communautaire sont les avortements pratiqués par certaines militantes du Mouvement pour la liberté de l'avortement et de la contraception (MLAC).

C'est la lutte contre l'épidémie du VIH, dans les années 1980 et 1990, qui constitue véritablement l'acte de naissance de la santé communautaire en France. Face à cette maladie que personne ne connaît, les hiérarchies traditionnelles entre malades et médecins sont bouleversées. Les malades se regroupent en associations, lesquelles en savent au moins autant que les médecins. Elles militent en faveur de la prise en charge de la prévention, exigent la révision de protocoles de soin et font émerger de nouvelles revendications qui élargissent ce que doit inclure la santé – l'accès au logement à la sortie de l'hôpital, par exemple, avec des appartements-relais, ou encore l'organisation de la vie avec le traitement. « *Avec le sida, on a découvert que quelqu'un qui vient organiser un maintien à domicile a autant d'importance que le professeur de CHU qui prescrit le traitement. S'il n'y a personne pour amener un repas à domicile, le traitement ne fonctionnera pas* » explique Didier Ménard, alors médecin à la cité des Francs-Moisins à Saint-Denis. Confronté aux ravages de l'épidémie, il y œuvre à la création d'un « *réseau ville-hôpital* » dans le but d'organiser la continuité du suivi en s'appuyant sur les ressources locales : par exemple des assistantes maternelles, formées à accueillir 24h/24 les enfants des malades transporté·e·s à l'hôpital en urgence.

L'épidémie touche de plein fouet des groupes sociaux déjà discriminés (hommes homosexuels, prostitué·e·s, usagers et usagères de drogues), ce qui se reflète dans la réponse publique. Alors que les personnes qui consomment de la drogue en intraveineuse sont particulièrement touchées, la distribution de matériel d'injection stérile demeure interdite jusqu'en 1987. Les premiers programmes de distribution de seringues sont organisés par Médecins du Monde et des associations de personnes concernées comme Aides. Aux yeux des auteurs de *Pandémopolitique*, même si ces programmes ne sont pas toujours portés par les usagers et usagères, « *ils peuvent être qualifiés de communautaires car ils font primer la réponse au besoin exprimé par les personnes – pouvoir s'injecter des produits sans risque de transmission d'un agent infectieux – sur la prescription médicale et sociale – cesser toute consommation de drogues* ». L'association Asud, Autosupport des usagers de drogue, est créée en 1992 avec comme objectifs de faire entendre la voix des usagers hors de tout moralisme, de demander la fin des approches répressives et de faire « *des toxicos des citoyens comme les autres* ».

Les prostituées aussi sont particulièrement touchées. Alors qu'elles utilisent des préservatifs depuis le début des années 1980, bien avant les campagnes de prévention nationales, la prostituée militante Lydia Braggiotti constate dès 1989 qu'elles ont de plus en plus de difficultés à l'imposer à leurs clients. Avec l'aide de la sociologue Anne Coppel, elle lance une recherche-action avec des prostituées de la rue Saint-Denis afin qu'elles expriment leurs besoins et les obstacles qu'elles rencontrent. Elle leur propose d'écrire leurs doléances dans un cahier, qu'elle adresse au ministère de la Santé. Dans ces lettres, récemment publiées par les éditions Anamosa[11], les prostituées défendent à la première personne leur rôle de prévention, évoquent leurs conditions de travail, le besoin de garantir un accès aux soins et au suivi gynéco… L'action débouche sur la création d'un bus ambulant, le Bus des Femmes, animé par des prostituées, où les femmes peuvent trouver du café, un endroit chaud, des capotes et des conseils de prévention si elles le veulent. À Lyon, des infirmières et des prostituées s'organisent face aux ravages de l'épidémie : une fourgonnette fait le tour des lieux de prostitution pour aller toucher des publics isolés, afin de distribuer du café et des préservatifs. L'association lyonnaise Cabiria, créée en 1993, pratique toujours la santé communautaire auprès des personnes prostituées et continue d'effectuer des maraudes six jours sur sept et trois nuits par semaine.

La démocratie sanitaire

La décennie 1990 fait émerger deux modes d'action possibles pour les malades : le représentatif et le participatif. C'est le premier qui l'emporte, avec l'institutionnalisation de la « *démocratie sanitaire* », rebaptisée depuis « *démocratie en santé* » – la volonté de créer des institutions, des postes ou des instances qui donnent la parole aux patient·e·s, objets de politiques de santé et parfois concepteurs et acteurs d'action en santé. « *Il a fallu attendre le XXI*e *siècle pour considérer que les patients avaient des droits* » plaisante Gérard Raymond, président de France Assos Santé, qui regroupe quatre-vingt-cinq associations nationales d'usagers du système de santé. En 2002, la loi sur les droits des patients, dite loi Kouchner, insiste entre autres sur l'égalité d'accès au système de santé, le respect de la confidentialité, le droit aux soins, le droit des patient·e·s à être informé·e·s et la nécessité du consentement à tout acte pratiqué sur elles et eux. La démocratie en santé a aujourd'hui ses institutions : la Conférence nationale de santé (CNS) et les Conférences régionales de la santé et de l'autonomie, rattachées aux Agences régionales de santé. Au sein de la société civile, les réunions de patient·e·s se multiplient, aidées par les outils numériques (sites, forums ou pages Facebook). Au sein de ces communautés, parfois constituées en associations, les malades s'apportent informations et soutiens, produisent de l'entraide et du savoir, dont elles demandent la prise en compte. « *Je ne veux pas que les médecins s'occupent seuls de ma santé : je veux m'en occuper avec eux ! Un médecin est certainement beaucoup plus qualifié que moi pour parler du diabète. Mais s'il s'agit de* ma *vie avec* mon *diabète, je suis beaucoup plus qualifié que lui* » détaille Gérard Raymond.

LES INSTANCES DE LA DÉMOCRATIE SANITAIRE PEINENT À DÉPASSER LE RÔLE CONSULTATIF AUQUEL ELLES SONT SOUVENT CANTONNÉES.

Cependant, les instances de la démocratie sanitaire et les associations de patient·e·s et usagers·ères du système de santé peinent à dépasser le rôle consultatif auquel elles sont souvent cantonnées. C'est l'objectif que se fixe Gérard Raymond : « *Il faut passer de la représentation à la participation. Nous devons nous former, monter en compétence pour être en mesure de coconstruire l'évolution du système de santé, pour le rendre plus équitable, plus juste, plus transparent, en un mot plus efficient.* » Cependant, ces associations, largement composées de bénévoles, sont structurellement fragiles : elles dépendent soit de financeurs privés, avec le risque d'être instrumentalisées par les industries pharmaceutiques, soit de subventions des acteurs publics.

Des difficultés d'inclure réellement les patient·e·s

La crise du Covid a révélé la faiblesse de ce modèle. Les décisions ont été confiées aux seul·e·s scientifiques et politiques et les instances de démocratie sanitaire n'ont été consultées que plusieurs semaines après le début du confinement. « *Le statut d'"associations d'usagers du système de santé" est reconnu par l'État et on pensait que cette petite institutionnalisation était garante du fait qu'on soit, peut-être pas à la table des décisions, mais au moins très consultés. Ça n'a pas du tout été le cas*», relate Caroline Izambert, directrice du plaidoyer à l'association Aides. «*Les principaux concernés n'ont jamais été beaucoup consultés et ça crée des messages de plus en plus inaudibles et confus*, ajoute-t-elle. *Et par ailleurs, les modes d'intervention inventés par les associations d'usagers, les initiatives de santé locales, proposent une boîte à outils qui a été laissée complètement fermée pendant cette crise.*» S'il partage ce constat, Gérard Raymond se veut optimiste: «*La crise a été un accélérateur de notre participation et elle nous oblige à nous questionner sur notre positionnement et à monter en compétences.*» Pour preuve: les associations ont fini par être associées aux réflexions, dit-il, et elles ont notamment permis d'appuyer l'idée de pouvoir se mettre en arrêt maladie en se rendant simplement sur le site de l'Assurance maladie. Cependant, les représentant·e·s des patient·e·s ne siègent toujours pas au conseil scientifique.

FAIRE BOUGER LES LIGNES ENTRE «EXPERT·E·S» ET «PROFANES» EST DIFFICILE.

Faire bouger les lignes entre «expert·e·s» et «profanes» est difficile, comme le montre à une autre échelle l'expérience des médiateurs et médiatrices de santé pairs. Depuis plusieurs années, des «*patient·e·s expert·e·s*» interviennent à l'hôpital et dans des structures de soins psychiatriques, fort·e·s de leurs «*savoirs expérientiels*» et de leur expérience de la maladie et des parcours de rétablissement, parfois sanctionnée par des formations spécifiques[12]. Bénévoles ou précaires, ces intervenant·e·s peuvent toutefois difficilement remettre en question les hiérarchies existantes. Le programme expérimental de médiateur en santé pair lancé en 2012 par le Centre collaborateur de l'Organisation mondiale de la santé (CCOMS) de Lille veut créer un vrai métier de «médiateur de santé pair» (MSP) en santé mentale. Au terme d'une formation d'un an en alternance, les MSP sont intégrés dans des équipes de soin et salariés comme tels. Aux côtés d'infirmiers et infirmières, de psychologues, d'ergothérapeutes, ils participent au rétablissement depuis une position singulière: ni soignants ni soignés, ils font un pont entre les deux univers. Leur arrivée dans les services psychiatriques bouscule des hiérarchies et des divisions bien établies: d'un côté les soignant·e·s, de l'autre les soigné·e·s, d'un côté les professionnel·le·s et le soin, de l'autre les bénévoles et l'entraide. L'intégration des médiateurs de santé pairs se fait souvent difficilement. Une MSP rapporte dans son mémoire professionnel[13] les réactions violentes de l'équipe de soin: mépris ou infantilisation, refus de lui allouer un bureau pour mener des entretiens, de lui donner une clé ou encore de partager les dossiers médicaux[14]... C'est en partie parce que les infirmiers et infirmières, souvent en sous-effectifs, redoutent que la pérennisation de ces emplois ne se fasse aux dépens de nouvelles embauches. Mais selon Bérénice Staedel, coordinatrice du programme, c'est aussi parce que les médiateurs en santé dérangent en profondeur la répartition des pouvoirs: «*Dans notre culture du soin, la division entre les soignants et les soignés est très forte et la distance thérapeutique encore très enseignée. Tout ce qui remet ça en cause (on le voit avec les mouvements de patients acteurs) est un immense changement de paradigme, pour les médecins et le soin en général. Au fond, c'est une question de pouvoir : on en enlève un peu au médical pour en redonner un peu aux usagers.* » L'idée de la formation du CCOMS de Lille n'est pourtant pas de dynamiter la psychiatrie : lors des recrutements, Bérénice Staedel ne retient pas les candidat·e·s trop remonté·e·s contre l'institution : « *Je comprends leurs critiques mais je leur dis qu'ils peuvent contribuer à faire bouger la psychiatrie,* avec *leurs collègues,* avec *les usagers,* avec *la fac – pas tous seuls.* »

Dans les faits, si le modèle de représentation des usagers dans les instances de santé s'est imposé, leur participation active reste peu encouragée et peu développée à l'hôpital ou dans les centres de santé classiques. Les initiatives en santé communautaires sont donc largement le fait d'associations.

La boîte à outils de la santé communautaire

Aides est l'une des associations qui continue de défendre vigoureusement l'approche communautaire – et de la pratiquer. « *On répond à des besoins identifiés en faisant un diagnostic avec les personnes concernées par l'action (c'est-à-dire les parties prenantes : les personnes, les décideurs, les financeurs, les élus…). Si les réponses apportées ne correspondent pas aux besoins identifiés et que l'offre n'est pas suffisante, on fait aussi du plaidoyer, pour faire changer les services, les lois et les orientations de la santé publique* » développe Stéphane Giganon. Les actions d'Aides évoluent avec les besoins des publics qu'elle cible, du conseil au dépistage en passant par de l'accès au droit : l'accès aux papiers constitue ainsi très souvent la première demande des personnes migrantes séropositives tant il est plus simple de suivre un traitement lorsque l'on a un travail et un hébergement stables. Cette démarche prend du temps. Mais selon Stéphane Giganon : « *Elle est plus efficace, parce qu'on entraîne, à tous les niveaux de l'action, des personnes déjà concernées et impliquées.* »

« NOTRE EXPERTISE, C'EST NOTRE VÉCU. »

Ainsi, quand Aides se préoccupe des risques associés au *chemsex*, une pratique qui allie sexe entre hommes et consommation de produits de synthèse psychotropes, c'est d'abord parce que des militants s'inquiètent. « *En 2016-2017, plusieurs d'entre nous ont constaté des décès, des accidents dans nos cercles* », raconte le militant Vincent Leclercq. Il n'existe alors aucune action de santé publique dédiée : s'inspirant des lignes d'écoute créées par Aides aux débuts de l'épidémie de VIH, des militants créent des espaces d'écoute et de soutien sur WhatsApp et Facebook. Les animateurs pratiquent eux-mêmes le *chemsex* ou sont très proches de la communauté : « *Notre expertise, c'est notre vécu : nous avons les mêmes codes, le même langage que les personnes qui nous contactent. Ça crée un rapport de confiance, qui est très différent d'une blouse blanche derrière un bureau qui vous regarde avec de grands yeux quand vous lui dites que vous participez à des partouzes de fist-fucking à quinze personnes dans des soirées !* » explique Vincent Leclercq.

À Cabiria, l'association lyonnaise de santé communautaire en direction des personnes prostituées, l'équipe mêle travailleurs sociaux et prostitué·e·s travaillant comme médiateurs et médiatrices et salarié·e·s comme tel·le·s. Thomas[15] anime le programme de prévention et de réduction des risques Prostboyz en direction des escorts qui vendent leurs services en ligne. « *Je suis un escort à la base. Quand je pose des questions aux gens, je sais de quoi je parle. Je ne suis ni médecin ni psy, mais je peux poser des questions qui sembleront moins intrusives. Les gens ne se sentent pas jugés, puisque je leur dis que j'ai fait comme eux. Par exemple, quand quelqu'un me dit qu'il se fait agresser, je me permets parfois de poser des questions sur les tarifs qu'il pratique. C'est très intrusif, et ce serait très compliqué si ça ne venait pas de quelqu'un qui connaît le métier. Mais on sait que certains types de tarifs peuvent attirer certains clients et j'intègre cette information dans des conseils plus globaux de sécurité.* » Le travail communautaire est ici sur une ligne de crête : Thomas ne donne jamais de conseil, « *ce qui serait assimilable à du proxénétisme* ». Mais il écoute et soutient sans porter de jugement : « *Les gens se sentent moins seuls. Nous avons un lien qui ne peut pas se créer avec un médecin ou un travailleur social.* » Le temps passé à tisser ces liens de confiance est d'ailleurs une composante essentielle du travail. Aux yeux de Vincent Leclercq, l'action communautaire permet aussi la déstigmatisation : « *Nous voulons défendre un autre regard sur le* chemsex. *Le* chemsex, *c'est aussi une communauté, des lieux, des musiques, des ambiances, des rencontres, des formes de dépassement de soi… pas juste une problématique de santé.* »

Loin de se résumer à une revendication sectorielle, l'approche communautaire peut porter un projet de transformation plus globale de la société. En 2010, Aides a ainsi milité pour que des tests de dépistages du VIH rapides effectués par une piqûre au bout du doigt (donc un acte médical) puissent être effectués par des non-médecins. « *Dans le communautaire tel qu'on le défend, on se bat pour plusieurs communautés. Quand on se bat pour l'augmentation de l'allocation adulte handicapé, ce n'est pas seulement pour les personnes séropositives. C'est parce qu'on trouve indigne en général le revenu des adultes vivant avec un handicap* », explique Stéphane Giganon.

Les centres de santé communautaires : repenser la santé en profondeur

« *La santé communautaire, ça n'est pas en soi révolutionnaire. On peut très bien en faire sans remettre en question le modèle actuel* », lance Benjamin Cohadon, coordinateur au centre de santé communautaire Village2Santé, à Échirolles dans l'Isère. « *Ça devient politique quand on commence à se demander comment on définit les déterminants sociaux de santé. Pour nous, la santé communautaire, c'est visibiliser qu'il existe des déterminants sociaux, socialement construits, qui avantagent ou désavantagent certaines personnes par rapport à leur santé. Qu'il existe des dominants, des dominés et des rapports sociaux qui peuvent être très violents et impacter un certain nombre de ces déterminants sociaux de la santé.* »

Le Village2santé fait partie d'une poignée de centres de santé communautaires français, des structures de soin militantes et expérimentales

DANS LES CENTRES DE SANTÉ COMMUNAUTAIRES, LA SANTÉ EST COMPRISE COMME UN FAIT SOCIAL.

qui veulent réinventer la santé : la Place Santé à Saint-Denis, la Case Santé à Toulouse, le Château en Santé à Marseille et Village2Santé à Échirolles. À l'exception de la Place Santé, créée dans les années 1990, tous ont été ouverts dans les années 2010 par de jeunes médecins dégoûté·e·s de la culture médicale qu'on leur avait enseignée et certain·e·s de ne pas avoir leur place dans les structures classiques. Ils ont créé ces centres dans des quartiers populaires touchés de plein fouet par les inégalités sociales de santé. Là où l'exercice solitaire en cabinet reste la norme, ils décident de travailler en collectif. Là où le corporatisme médical sépare nettement les professions, ils ouvrent des centres où l'on trouve des généralistes, des infirmières, des kinés, des orthophonistes, des conseillères conjugales, des médiateurs en santé.

Dans ces centres, la santé est comprise comme un fait social. « *À l'hôpital, on enseigne le questionnaire médical : on pose des questions sur les maladies, les antécédents… Moi, quand je rencontre un patient, je fais un questionnaire de santé : quelles sont ses ressources, quel est son rapport au français, quel est son travail – est-ce qu'il est pénible, est-ce qu'il l'expose à des polluants… Si je ne fais pas ça, dans les milieux populaires où je travaille, trois ordonnances sur quatre ne seront pas suivies, parce que les gens n'auront pas les moyens de les suivre* », explique Didier Ménard. Au Village2Santé, la composition de l'équipe reflète l'importance accordée aux composantes sociales de la santé : cinq médecins, deux travailleurs sociaux à temps plein, une médiatrice paire en santé et une conseillère conjugale et familiale, toutes les deux à mi-temps.

Ces centres communautaires s'efforcent d'associer autant que possible les habitant·e·s à la conception des soins. Avant de s'installer, l'équipe à l'origine de Village2Santé a passé deux ans à discuter avec les acteurs locaux et les habitant·e·s afin d'identifier leurs besoins. À la Place Saint-Denis, la participation des habitant·e·s s'est également construite sur des années. « *Quand on a monté des projets, on a commencé à en parler avec les habitants. Ce sont eux qui ont inventé la déambulation : on allait dans la cité parler aux gens. Les gens ne répondent pas pareil à un habitant qu'à un médecin ! Ça faisait remonter des problèmes bien différents de ceux qu'on avait identifiés : les rats, les poubelles…* » raconte Didier Ménard. Des habitantes du quartier rejoignent l'équipe comme médiatrices de santé, pour faire le lien entre la culture des médecins et celles des populations de ce quartier multiculturel. « *Grâce à elles, on a compris que des ressources essentielles faisaient partie de la communauté. Telle femme peut garder des enfants pendant que les parents sont à l'hôpital, telle autre expliquer à de jeunes parents comment soigner les douleurs dentaires d'un bébé sans médicament… C'est ça l'approche communautaire : associer les compétences et les savoirs des professionnels aux savoirs de la population.* ».

Si l'on veut inclure les habitant·e·s, il faut aussi repenser la façon dont on les reçoit en consultation. À Village2Santé, l'accueil est central : c'est un café ouvert à tous et toutes de façon « *inconditionnelle* ». Les professionnel·le·s qui accueillent les gens sont formé·e·s à les écouter : « *Nous les considérons comme les premiers soignants et soignantes du centre. Elles et ils sont au même niveau que les autres membres de l'équipe du centre et elles et ils participent aux réunions hebdomadaires sur les situations complexes des patients.* » En consultation aussi, les médecins s'efforcent d'être le plus à l'écoute possible, de déplacer l'asymétrie inhérente à la relation soignant·e-soigné·e. Avec des principes tels que : écouter, être transparent·e, s'assurer qu'on a été compris·e et accepter d'accompagner les désirs des patient·e·s, même s'ils diffèrent de ceux des médecins… À la Place Santé, l'écran de l'ordinateur sur lequel le médecin prend des notes est situé entre lui et le ou la patient·e, qui peut commenter ou demander des modifications. À Village2Santé, les médecins font des consultations plus longues que la moyenne, prennent le temps d'écouter, y compris des informations qui ne semblent pas directement médicales. « *Si une personne arrive en disant : "Je suis fatiguée, je suis diabétique et mon diabète n'est toujours pas régulé", et qu'elle ajoute : "En plus, je suis une femme voilée et il y a deux jours, je suis allée au laboratoire et une personne blanche m'est passée devant sans me regarder, ça m'arrive tout le temps, je trouve ça violent et j'en ai pleuré la nuit", on l'écoute et on cherche des outils avec elle. On sait que ça ne va pas créer un rapport de force qui va changer les discriminations contre les femmes voilées. Mais le fait d'avoir pris le temps, d'avoir pris en considération les gens dans ce qu'ils nous disent… c'est là que se crée une autre rencontre et une autre façon de faire soin, collective.* »

« *Médecine de pauvre* », spectre du « *communautarisme* » et tarification à l'acte : les obstacles à la santé communautaire

La santé communautaire est très appliquée dans les pays du Sud et elle souffre encore en France de son image de « *médecine de pauvre* ». Surtout, face à une médecine convertie à l'*evidence-based medicine*, aux preuves et aux évaluations, elle peine à faire reconnaître son apport, difficilement chiffrable. « *Les actions en santé communautaire sont en concurrence avec des choses nettement plus coûteuses et dont l'efficacité n'est pas avérée. La santé communautaire part de là où les gens sont. On reste dans un univers de réduction des risques et de mise en place de stratégies adaptées aux besoins des personnes. On économise de l'argent et du temps de façon absolument spectaculaire* » résume Caroline Izambert. Celle-ci s'illustre particulièrement dans le champ de la prévention et de la réduction des risques : comment faire apparaître dans les comptes une dépense de soin évitée ? « *Le système de l'Assurance maladie a été fait pour mesurer le coût. Quand vous empêchez un coût, si vous évitez une hospitalisation, ça n'apparaît nulle part. C'est à nous de produire nos propres indicateurs, et nous y travaillons*» estime Didier Ménard. Le problème réside aussi dans la tarification à l'acte, selon laquelle les médecins sont payé·e·s pour des actes réalisés – et qui ne sait pas quantifier des actions de prévention ou d'accompagnement. Les centres de santé communautaires sont aujourd'hui dans une situation financière fragile. Les professionnels médicaux mettent au budget commun le fruit des actes réalisés et le redistribuent entre les membres de l'équipe. Depuis quelques années, une expérimentation permet à ces centres de développer un autre modèle de financement : elle leur permet d'obtenir de l'Assurance maladie un budget global correspondant aux dépenses de santé estimées sur un an, les libérant du paiement à l'acte. « *L'État nous suit sur ces expérimentations* », note Didier Ménard – mais à la condition d'abandonner le terme « *communautaire* », tant le spectre du communautarisme effraie le politique français. « *On nous demande d'utiliser le terme "participatif". La "santé communautaire" est pourtant une définition de l'OMS mais, en France, on ne peut pas en parler. C'est dire à quel point on est dans un appauvrissement de la pensée en termes de santé !* » Pourtant, le modèle ouvert par les centres de santé essaime. Plusieurs nouveaux centres de santé communautaires sont en train de se monter, en Bretagne, à Rennes mais aussi dans des zones rurales.

L'APPORT DE LA SANTÉ COMMUNAUTAIRE, QUI S'ILLUSTRE PARTICULIÈREMENT DANS LE CHAMP DE LA PRÉVENTION, EST DIFFICILEMENT CHIFFRABLE.

Réappropriations féministes et antiracistes

Les pistes ouvertes par la santé communautaire prennent une tournure encore plus politique avec les initiatives de santé récentes ancrées dans le féminisme et l'antiracisme.

La chercheuse Lucile Ruault a étudié l'une des rares manifestations françaises de santé autonome féministe : les avortements réalisés par certains MLAC. Dans les années 1970, des militantes pratiquent des avortements et des accouchements de façon quasi démédicalisée : la présence de médecins n'est pas systématique mais la dimension collective est centrale. « *La conception collective de l'avortement comme de l'accouchement est cardinale*, explique Lucile Ruault. *Au point de dire : la personne qui manipule la canule n'a pas un rôle plus important que celle qui tient la main de la femme qui avorte.* » On l'entoure, on lui explique ce qui se passe, on lui propose de poser elle-même le spéculum, on place un miroir afin qu'elle puisse voir l'intérieur de son vagin. Cette pratique qui vise à développer l'autonomie des femmes est bien différente des avortements cliniques. Quand l'avortement est légalisé, il devient un acte médical, mais certaines militantes refusent de s'en laisser dessaisir. « *Elles ne veulent pas perdre un savoir-faire ni considérer que l'avortement appartiendrait de façon intrinsèque à la médecine. Elles revendiquent aussi des pratiques bien-traitantes à l'égard des femmes, leur redonnant un vrai rôle, ce qu'elles estimaient introuvable à l'hôpital* ». Elles s'opposent également à l'entretien psychosocial préalable rendu obligatoire. Cette expérience restée minoritaire avait laissé peu de traces dans les archives officielles : afin d'en reconstituer l'histoire, Lucile Ruault a dû mener un minutieux travail d'enquête et de longs entretiens. Les difficultés qu'elle a rencontrées dans sa recherche illustrent la fragilité de cet activisme de santé, qui existe avant tout dans des pratiques laissant rarement des traces écrites. Les féministes qui s'emparent aujourd'hui de ces questions se trouvent face à une filiation interrompue – qu'elles s'emploient activement à retisser.

En 2014, le hashtag #PayetonUtérus suscite de très nombreux témoignages sur les violences gynécologiques : paternalisme, condescendance, non-respect du consentement, interventions intrusives, voire agressions ou viols… Aujourd'hui, les féministes font de la lutte contre les violences obstétricales et gynécologiques une priorité et remettent en circulation une analyse de la santé au prisme de la domination patriarcale. Ce mouvement s'accompagne de la renaissance d'initiatives de réappropriation féministes de santé. Un projet emblématique à cet égard est la nouvelle adaptation en France de l'ouvrage classique de la santé autonome féministe *Our Bodies, Ourselves*, dont la première édition parue en 1971 aux États-Unis fut traduite dans de nombreuses langues et remaniée en fonction des contextes locaux. Cette dernière édition française de *Notre corps, nous-mêmes*, parue en 2020, a été établie par un collectif de neuf femmes[16] à partir de témoignages recueillis lors de groupes de parole. « *La plupart des manuels de santé ont une approche descendante, basée sur des injonctions, produites par des sachants écrivant depuis un point de vue extérieur. Nous voulions nous placer du point de vue des femmes, de leurs connaissances sur elles-mêmes, leurs propres corps et leurs expériences* » expliquent Naïké Desquenes et Yéléna Perret. Les très nombreux témoignages retranscrits dans l'ouvrage visent à produire des effets de reconnaissance et à faire éclater l'idée d'une norme sociale et médicale. Corps et genre, sexualité, santé, violences… chaque chapitre pense la santé des femmes dans sa continuité avec le monde social. « *En tant que femmes, qui plus est racisées ou victimes d'autres formes d'oppression, nos corps et nos esprits sont régulièrement malmenés par la société* – ça *interroge sur ce qu'est la santé et le bien-être en tant que femme. Peut-on être femme et en bonne santé ?* » interrogent les autrices. Le manuel se veut outil d'autonomie : « *Pas pour dire qu'il ne faut jamais aller consulter le système de santé – mais qu'en acquérant ce savoir et ces expériences, de nouveaux possibles s'ouvrent. Le témoignage d'une femme qui retire seule son stérilet ne veut pas dire que toutes les femmes doivent le faire, mais que ça fait partie des choses qu'on peut faire par nous-mêmes.* » L'ouvrage incarne cette politique de la pratique si importante dans les initiatives de réappropriation de la santé. « *On nous a parfois reproché de manquer de théorisation, de n'être qu'un manuel. Mais pour nous, la théorie et l'outil pratique ne sont pas forcément dissociés : tout l'intérêt de* Notre corps, nous-mêmes *et des initiatives actuelles dans ce domaine, c'est de dire que c'est par la pratique, la connaissance et l'expérience qu'on s'approprie les enjeux politiques.* »

LA LUTTE ACTUELLE
CONTRE LES VIOLENCES
GYNÉCOLOGIQUES
S'ACCOMPAGNE
D'INITIATIVES DE
RÉAPPROPRIATION
FÉMINISTES DE SANTÉ.

C'est aussi ce que visent les collectifs d'autogynécologie qui refleurissent en France après des décennies de quasi-disparition. Les Flux a été parmi les premiers. Animé par des femmes non professionnelles de santé, le collectif milite en faveur de « *la réappropriation des savoirs gynécologiques* » et propose des groupes de parole et des ateliers d'autoexamen. « *Nous avions dès le départ la volonté d'avoir un discours public féministe. Il nous semblait que la santé gynécologique était une bonne piste pour mettre en lumière des rapports de domination, de force, des discriminations subies – et agir dessus rapidement* », explique Cluny, l'une de ses fondatrices. Les ateliers d'autoexamen comportent un temps d'échanges entre les participantes, dans lequel les « *facilitatrices* » s'efforcent de parler le moins possible, parfois un petit point anatomique, puis un moment d'autoexamen : « *Avec un miroir, un spéculum, du lubrifiant et une petite lampe de poche, ils et elles peuvent procéder à une observation externe (clitoris, urètre, orifice du vagin, lèvres, différentes glandes) puis interne avec le spéculum (parois du vagin et col de l'utérus).* » Quand les Flux ont commencé en 2012, elles étaient quasi seules : aujourd'hui, les groupes d'autoexamen se multiplient – comme les comptes Instagram, les podcasts, les livres qui parlent d'anatomie, de corps et de sexualité. Ces initiatives dessinent ce que serait une santé féministe : une santé, disent les membres des Flux, où les savoirs profanes émanant des expériences et des ressentis sont reconnus, « *ont de l'importance face à des savoirs universitaires et institutionnels* ». Où la relation entre soignant·e et soigné·e n'est ni paternaliste ni infantilisante, et s'apparente à « *un partenariat* » où le soignant ou la soignante met ses connaissances et son expérience au service des patient·e·s. Une santé, ajoutent les autrices de *Notre corps, nous-mêmes*, « *consciente des rapports de domination et travaillant à les défaire* », une santé « *où nous serions entendues comme légitimes à avoir un savoir sur nos corps, à raconter des choses sur nous-mêmes* », « *un système médical qui prenne en compte la réalité des discriminations et des oppressions* ». Ce qui ne s'entend pas, soulignent-elles, sans « *un système de soin accessible financièrement et résistant à l'austérité* ».

UNE SANTÉ FÉMINISTE RECONNAÎTRAIT LES EXPÉRIENCES ET SAVOIRS DES PROFANES SANS PATERNALISME NI INFANTILISATION.

En attendant l'arrivée de cette offre de soin, certain·e·s praticien·ne·s du soin appartenant à des minorités s'organisent. À Paris, un Espace Santé Trans a été ouvert il y a quelques années en vue de promouvoir la santé trans' dans un contexte de fortes discriminations et de difficultés d'accès aux soins[17]. La contestation du pouvoir médical est particulièrement vive chez les personnes trans', qui doivent se soumettre à une évaluation psychologique si elles veulent entamer une transition hormonale, pratique dénoncée par le Défenseur des droits. « *Cette mainmise des médecins et des équipes hospitalières sur la transition n'est pas légitime* », martèle Clément Moreau, psychologue et bénévole à Espace Trans Santé. L'association se fixe comme objectif l'accueil, l'écoute et l'orientation des personnes trans' par les pairs et/ou des bénévoles formé·e·s aux questions rencontrées par les personnes trans', parmi lesquelles des professionnel·le·s de santé. Une première consultation psychologique à prix libre ouverte aux personnes trans' ou en questionnement sur leur genre s'est vite trouvée « *débordée* », signe du manque d'offres adaptées. Dépendant de subventions et de bénévoles et donc structurellement fragile, l'association a revu ses activités à la baisse. La permanence, les groupes de parole et une permanence d'écoute psychologique, animés par des personnes concernées, restent cependant ouverts et ont été très sollicités depuis le début de la pandémie. Aux yeux de Clément Moreau, cette dimension communautaire est essentielle : « *Dans le soin, l'empathie, la neutralité, le non-jugement ne suffisent pas toujours. On ne peut pas forcément tout comprendre et tout ressentir quand on vit dans une réalité opposée, quand on ne sait pas ce qu'est être perçu comme une anomalie à la logique du genre.* »

Mettre au cœur de la relation de soin une connaissance commune de l'oppression, tel est aussi le sens des initiatives de santé communautaire dans le champ de l'antiracisme. Dans le sillage de la renaissance d'un antiracisme politique en France, elles viennent bousculer profondément la tradition médicale française. Ainsi, à l'été 2020, un tweet d'un collectif intitulé Globule noir relayant la demande d'une personne noire à la recherche d'une infirmière noire a soulevé une levée de boucliers. Les hérauts de l'universalisme se sont émus de cette initiative « *discriminante* », la Licra s'est indignée de ce qu'en France on puisse choisir un médecin sur sa couleur de peau… Faire circuler des listes de médecins « *sympathisant·e·s* » ou « *allié·e·s* » est pourtant une pratique courante dans les réseaux militants, féministes (*via* le site Gyn & Co par exemple), gays ou trans'. Mais vouloir consulter des soignant·e·s « *racisé·e·s* » vient toucher le nerf sensible du spectre « *commmunautaire* » en France et la difficile reconnaissance du racisme structurel. « *Le secteur de la santé n'est pas perçu et ne se perçoit pas lui-même comme producteur de pratiques racistes* », écrit la chercheuse Marguerite Cognet[18]. Pourtant, une enquête de 2019 révèle que plus d'un cabinet sur dix conventionnés secteur 1 refuse de recevoir des patient·e·s en raison de leurs origines sociales – ce taux est encore plus élevé en secteur 2. « *Dans les faits, les préjugés racistes des soignants appartenant au groupe majoritaire imprègnent bon gré mal gré les relations de soin – tant en milieu hospitalier*

METTRE AU CŒUR DE LA RELATION DE SOIN UNE CONNAISSANCE COMMUNE DE L'OPPRESSION, TEL EST AUSSI LE SENS DES INITIATIVES SANTÉ COMMUNAUTAIRE ANTIRACISTES.

qu'en consultation de ville. Les recherches menées en France démontrent que ces préjugés, s'ils ne remettent pas en cause l'accès aux soins minimaux, peuvent cependant en affecter fortement la qualité et modifier sensiblement les trajectoires thérapeutiques des patients en orientant les pratiques soignantes», poursuit la chercheuse[19]. Face à cette réalité, des soignant·e·s et des militant·e·s non blanc·he·s s'organisent en France dans le but de créer des offres de soin communautaire. L'association Afrique Avenir, par exemple, fait de la prévention et de l'information auprès des populations afro-caribéennes. Le collectif Psy noir.e.s regroupe lui des thérapeutes noires. Le collectif Perspective., animé par Amélie Koulanda, est né il y a près de quatre ans d'« *une prise de conscience que les questions touchant la santé mentale des populations noires étaient souvent taboues, ignorées, en intracommunautaire comme dans la société en général, malgré toutes les maltraitances institutionnelles qu'elles peuvent engendrer*». Ancré dans une analyse militante de l'impact du racisme et des discriminations structurelles sur la santé mentale, ce collectif travaille en relation avec des professionnel·le·s de santé mentale, associations et collectifs parmi lesquels Psy noir.e.s. «*Des centaines et des centaines de personnes ont contacté Perspectives. pour des orientations vers des thérapeutes noir·e·s, en fonction de leurs besoins psychologiques et sociaux*», raconte Amélie Koulanda – et ces demandes ont explosé avec le confinement. Aujourd'hui, le collectif s'oriente vers le développement d'ateliers d'autodéfense et de groupes d'entraide mutuelle sur les questions de santé mentale et les oppressions systémiques, et milite «*pour que la considération et la politisation de la santé mentale soit comprise comme déterminante dans toutes les luttes, y compris contre les violences policières*[20] ».

DES SOIGNANT·E·S ET DES MILITANT·E·S NON BLANC·HE·S S'ORGANISENT EN FRANCE DANS LE BUT DE CRÉER DES OFFRES DE SOIN COMMUNAUTAIRE.

Il est aisé de pointer les limites de ces initiatives : la difficulté à créer une égalité parfaite entre soignant·e·s et soigné·e·s, à susciter une participation réelle et effective. Mais on se tromperait de cible : «*La santé communautaire est toujours un horizon d'attente*», estime Caroline Izambert. «*Parce que des actions entièrement conçues par les personnes, pour des personnes pour leur santé, avec une attribution de moyens… c'est extrêmement rare*, poursuit-elle. *Par contre, c'est un horizon passionnant pour guider l'action en santé.*»

1. Sur ce sujet, voir notamment M. Winckler, *Les Brutes en blanc*, Flammarion, Paris, 2016.
2. Comme l'illustrent les luttes des sages-femmes pour obtenir le droit de réaliser des actes de suivi gynécologiques, par exemple, ou les enjeux actuels autour des acteurs autorisés à pratiquer la vaccination.
3. Brimades, harcèlement, chantage, violence verbale et parfois physique : l'ouvrage *Omerta à l'hôpital* (Dr V. Auslender [dir.], Michalon, Paris, 2017) rassemble des dizaines de témoignages, parmi des centaines reçus par les autrices et auteurs, sur la violence subie par les internes en médecine ou les élèves infirmiers·ières pendant leurs études.
4. En 1986, la charte d'Ottawa adoptée par l'OMS définit la santé comme un état de « *complet bien-être physique, mental et social* », dans lequel les individus peuvent satisfaire leurs besoins et réaliser leurs ambitions. « *La promotion de la santé ne relève donc pas seulement du secteur de la santé : elle ne se borne pas seulement à préconiser l'adoption de modes de vie qui favorisent la bonne santé : son ambition est le bien-être complet de l'individu.* »
5. Voir la définition portée par l'institut Renaudot, association œuvrant à la promotion des démarches communautaires en santé.
6. La Découverte, Paris, 2021. Le passionnant chapitre « Santé communautaire » retrace l'histoire de cette pratique en France, faisant une large place à l'histoire américaine, et analyse en détail la situation française.
7. La plus connue est la Haight Ashbury Clinic, ouverte à San Francisco en 1967, mais il y en eut partout aux États-Unis, en réaction à la privatisation croissante de la santé.
8. À ce sujet, voir notamment le travail d'A. Nelson, *Body and Soul, the Black Panther Party and the Fight against Medical Discrimination* et en français C. Izambert et C. Richard, « Blouses blanches et panthères noires. Entretien avec Alondra Nelson », Vacarme, 2013.
9. Voir C. Richard, *Young Lords, histoire orale des Black Panthers latinos*, L'Échappée, Paris, 2017.
10. Dans les années 1980, le projet d'unités sanitaires de base vise à créer des structures médicales collectives, où plusieurs professionnel·le·s pourraient exercer ensemble et qui prendraient en compte les dimensions sociales de la santé. Il se heurte à une levée de boucliers de la part des médecins libéraux : à Saint-Nazaire, des médecins défilent avec des pancartes « Non aux soviets de la médecine »…
11. A. Coppel avec M. Amaouche et L. Braggiotti, *Le Bus des Femmes*, Anamosa, Paris, 2020.
12. Comme les diplômes universitaires (DU) préparés à l'université des patients à la Sorbonne.
13. Communication personnelle.
14. La question de l'accès aux dossiers médicaux des médiateurs en santé pairs est un point délicat. Il diffère selon les équipes et les établissements. Bérénice Staedel milite pour que les médiateurs en santé pairs y aient un accès comme d'autres membres non soignant·e·s des équipes de soin, sur le modèle de l'accès partiel des travailleurs sociaux.
15. Le prénom a été changé.
16. M. Blézat, N. Desquesnes, M. El Kotni, N. Faure, N. Fofana, H. de Gunzbourg, M. Hermann, N. Kinski et Y. Perret, *Notre corps, nous-mêmes*, Hors d'Atteinte, Marseille, 2020.
17. Selon l'enquête de l'association Chrysalide (2011), environ un tiers des personnes trans' interrogées avaient déjà renoncé à des soins à cause des attitudes des équipes médicales. Dans une étude plus récente, 60 % des personnes LGBTQI déclarent se sentir « *mal à l'aise* » chez leur médecin (A. Alessandrin, J. Dagorn, G. Richard et A. Meidani, *Santé LGBT. Les minorités de genre et de sexualité face aux soins*, Le Bord de l'eau, Lormont, 2020).
18. M. Cognet, « Les services de santé : lieu d'un racisme méconnu », *in* O. Slaouti et O. Le Cour Grandmaison (dir.), *Racismes de France*, La Découverte, Paris, 2020.
19. *Ibid.*
20. Des études menées principalement en Grande-Bretagne et aux États-Unis pointent l'effet négatif des violences policières sur la santé mentale des populations noires. Voir par exemple J. Bor, A. S. Venkataramani, D. R. Williams et A. C. Tsai, « Police killings and their spillover effects on the mental health of black Americans », *The Lancet*, 28 juillet 2018.

DÉROUTER LA POLITIQUE PAR LA POÉSIE ?

PAR Yves CITTON

Voilà assez longtemps que les poètes ne figurent plus aux premiers rangs de nos imaginaires révolutionnaires. Sous nos latitudes, la « poésie » évoque des postures introspectives, des épanchements sentimentaux, des réflexions métaphysiques, des jeux formels ou des rimes enfantines qui semblent aux antipodes de l'activisme politique. Tout un courant de pratiques littéraires émerge pourtant depuis un quart de siècle, qui se réclame (bizarrement) de la poésie et engendre de très déroutants effets de politisation. N'est-ce pas justement de dérouter la politique dont nous avons besoin, à l'heure où celle-ci se réduit à un choix désespérant entre l'extrême droite (Le Pen) et l'extrême centre (Macron) ?

De la page imprimée à la performance de terrain

Le trait *a priori* le plus surprenant de ce courant poétique est sans doute son questionnement radical de la notion même d'écriture. À quoi peut donc ressembler un poète qui refuserait d'écrire ? L'exemple n'est certes pas inédit. L'Antiquité a connu des aèdes et, tout au long des deux millénaires ultérieurs, la poésie a vécu la part la plus importante de sa vie sociale sous forme orale et chantée. L'assimilation ou la réduction de l'activité poétique au geste d'écriture et à la forme livre sont des phénomènes assez étroitement localisés en termes de périodicité (depuis la fin du XIXe siècle), de géographie (l'Occident protestant) et de classe sociale (la « haute culture »).

Une réaction contre cet enfermement de la poésie dans le livre a été bien étudiée et documentée par Olivia Rosenthal et Lionel Ruffel dans deux numéros de revue récents consacrés à la « *littérature exposée* », à entendre comme proposée au public en dehors de l'espace de la page imprimée [1]. Renouvelant, revivifiant et popularisant les pratiques identifiées au XXe siècle avec Bernard Heidsieck et la « *poésie sonore* », les deux dernières décennies ont vu fleurir un puissant courant de performances poétiques et d'interventions dans les médiums les plus variés : affiches publicitaires, chansons, émissions de radio, vidéos, journalisme sportif (Anne-James Chaton, Jérôme Game, Vincent Barras, Jean-Charles Massera, Emmanuèle Pireyre, Christophe Fiat, Noémi Lefebvre).

En même temps qu'elle infiltre les médiums, cette exposition de la poésie hors de l'imprimé la relocalise chaque fois sur des *terrains* sociaux (et politiques) singuliers, à commencer par les ZAD, qui deviennent des hauts lieux de création poétique collective. Mathilde Roussigné dégage cinq « *offensives littéraires* » opérées sur de tels terrains : « *contredire, documenter, fronder, devenir complices du lieu et construire des situations* [2] ».

Ces nouvelles passions pour le terrain vont de pair avec une foisonnante soif d'enquêtes qui anime tout un pan de la littérature contemporaine, bien illustrée par les activités du Bureau d'investigations poétiques de Frank Smith [3]. En allant beaucoup trop vite, on pourrait scander les deux derniers siècles en quatre vagues faisant succéder – pour se superposer plutôt que se remplacer – à une première phase intimiste (initiée par le romantisme) une deuxième phase réflexive (dominée par le modèle mallarméen), suivie d'une troisième phase objectiviste (Ponge, Reznikoff, Zukofsky) qui se supplémente maintenant d'une quatrième phase marquée par un fort besoin d'enquêtes comme d'interventions de terrain et dont le potentiel est plus directement politique puisque ces terrains sont souvent d'ordre institutionnel.

Du geste d'écriture aux actes d'édition

Mais les pratiques poétiques les plus déroutantes ne sont peut-être pas celles qui sortent de l'imprimé pour investir d'autres espaces sociaux et médiatiques. Un mouvement d'occupation interne au livre lui-même est à l'œuvre dans l'espace littéraire francophone depuis une vingtaine d'années, que le poète et critique Jean-Marie Gleize a défini par cinq traits sous le terme de *postpoésie* : rejet de l'expressivité, refus des valeurs esthétisantes, attrait pour les dispositifs, opérationalité performative (dire, c'est faire) et goût pour le montage de matériaux préexistants hétérogènes [4].

LES POSTPOÈTES RENONCENT SOUVENT À CRÉER DES TEXTES NOUVEAUX ET SE CONTENTENT DE RECOPIER DES ÉCRITS PRÉEXISTANTS.

En traduisant l'ouvrage *Uncreative Writing* (2011) de Kenneth Goldsmith par *L'écriture sans écriture*, François Bon a bien rendu un paradoxe central de cette postpoésie. Ses praticien·ne·s renoncent souvent à créer des textes nouveaux et se contentent de recopier des écrits préexistants. Kenneth Goldsmith lui-même publie sous forme d'un livre de neuf cents pages la transcription intégrale d'un numéro du *New York Times*, avec les publicités, annonces et cotations boursières, faisant apparaître le volume matériel et le poids économique de ce qui finance la publication de quelques pages d'information. Franck Leibovici et Julien Seroussi arpentent les milliers de pages de transcription du procès de deux chefs de milice présumés comparaissant devant la Cour pénale internationale de La Haye, recopiant le formatage légal à travers lequel quelques témoignages glacés et glaçants d'enfants soldats et de victimes rendent compte d'un massacre dans le village de Bogoro en République démocratique du Congo[5].

Ici aussi, tout est affaire de terrain, mais celui-ci se manifeste alors comme contexte éditorial. Goldsmith revendique un « *geste d'écrire [qui] est un transfert littéral de langage d'un lieu à un autre, proclamant que le contexte est le nouveau contenu* ». Devant faire face à la multiplication mécanique des écritures par les médialités numériques, la littérature se trouve dans une position comparable à celle de la peinture au XIXe siècle, questionnée dans son idéal mimétique par l'apparition de la photographie : « *La réponse de l'écriture – se faisant plus l'héritière de la photographie que de la peinture – pourrait être de devenir mimétique, de se contenter de reproduire, y puisant surtout des méthodes de distribution, en proposant de nouveaux moyens de réception et de lectorat. [...] Quand se battre contre une prolifération de mots pour conquérir sa part d'attention est devenu le défi pour l'écrivain, se saisir de cette prolifération par des biais inattendus pour créer des œuvres aussi fortes en expression et en sens que les œuvres construites selon des modèles plus traditionnels en est une des voies*[6]. »

« LE CONTEXTE EST LE NOUVEAU CONTENU. »

À l'ère de la reproduction numérique des œuvres d'art, le poète est appelé à abandonner son ancienne fonction d'*écrivain* pour s'élever tantôt au statut de *programmeur*, entendu comme celui qui conditionne par avance la façon dont écriront les autres, tantôt au statut d'*éditeur*, entendu comme celui qui invente un public susceptible d'être affecté par un texte préexistant. Ce travail de copiste n'a plus rien à voir avec l'infamant et ridicule destin de Bouvard et Pécuchet. À l'heure où l'impact social se mesure en nombre de retweets, savoir quoi copier, comment couper et où coller donne la clé d'une efficacité indissociablement médiatique et politique. Non contente de se cantonner dans le geste (romantique et généralement solitaire) de l'écriture, la postpoésie se voit ainsi appelée à investir l'acte (éminemment politique et public) de la (ré)édition. Nul besoin de préciser que les éditeurs qui ont pris en charge ce mouvement littéraire en sont sans doute les véritables héros, modestes, infatigables et perpétuellement précaires – Laurent Cauwet (Al Dante), Anne-Laure Blusseau (Questions Théoriques), David Desrimais (Jean Boîte Éditions) parmi tant d'autres.

Résistances aux sociétés de CTRL-C

Depuis les *cut-up* de William Burroughs, les pratiques textuelles du copier/couper/coller ont connu un développement exponentiel. Olivier Quintyn en a donné une théorisation remarquablement éclairante dans *Dispositifs/Dislocations* en 2007, tandis que Franck Leibovici articulait ces pratiques postpoétiques en termes de *documents*[7]. Tous deux explorent les effets détonants que peut produire le simple déplacement d'un même texte, dès lors qu'il se voit attribuer un nouveau public, un nouveau statut, un nouveau voisinage, un nouvel horizon d'interprétation, de nouveaux branchements institutionnels, avec chaque fois de nouvelles attentes, de nouvelles normes éthiques, de nouvelles formes de sensibilité et de nouvelles implications politiques – bref, de nouveaux effets de sens.

Une thèse en cours d'Allan Deneuville aide à mesurer le large spectre des pratiques actuelles de copier/coller en rappelant que la majorité de ce que nous lisons désormais dans nos journaux ou sur nos écrans numériques résulte de copies (à peine bâtonnées ou cosmétiquement réemballées) des mêmes dépêches infiniment resaucées [8]. Alors que ces pratiques standards de copie quotidienne et commerciale s'efforcent de lisser les coutures et de naturaliser les réimplantations, les pratiques poétiques du copier/coller se distinguent au contraire par les effets de choc, de décalage, de malaise, d'inadéquation et d'artificialité qui caractérisaient jusqu'à récemment les vertus de « l'écriture » littéraire. Le fait que sur PC, ces pratiques impliquent toutes la touche Contrôle (+ C, + X ou + V) exprime assez opportunément leur puissance sociopolitique : c'est bien à travers elles que s'écrivent – ou plutôt : s'éditent – aujourd'hui les destins collectifs de nos sociétés de contrôle.

L'hénaurme « *postpoème épique* » non paginé d'1,4 kg en format A4 (augmenté d'un cd qui décline le *sampling* poétique sous sa forme musicale) publié par Sylvain Courtoux fin 2019 aux éditions Al Dante sous le triple titre *L'Avant-garde, Tête brûlée, Pavillon noir* fournit une incandescente illustration de cette poétique en régime de ctrl-c. Une note finale dévoile que les centaines de pages précédentes sont composées, en majeure partie, d'échantillons « *plagiés, volés à d'autres textes, livres, revues, films* », l'auteur avouant « *écrire avec des phrases qu'il n'a pas écrites, mais recopiées* ». Les trois années de vie (2013-2016) collectées dans ces pages aux formats instables, imprévisibles et chaotiques passent comme une écrasante logorrhée visuelle et sonique qui bombarde le lecteur comme elle a bombardé l'auteur-copieur-échantillonneur. Sciences sociales (Bourdieu, Lahire, Menger, Lordon, Heinich), post-rock (a-ha, Pixies, Sonic Youth, Nirvana, Fugazi), écrivains (Ernaux, Quintane, Cadiot, Alféri, Sivan), théoriciens (Barthes, Bürger, Gleize, Hanna) entrent en collisions permanentes jusqu'à faire imploser toute prétention de contrôle (de soi ou d'autrui).

Contrairement aux postulats objectivistes adoptés par de nombreux adeptes de la postpoésie, Sylvain Courtoux (se) laisse parler

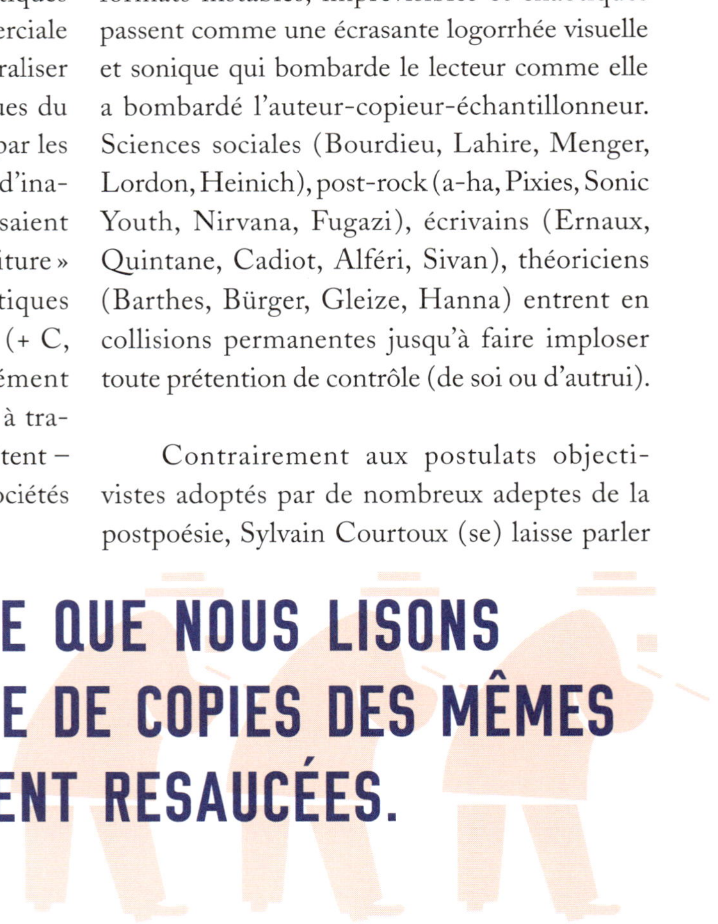

LA MAJORITÉ DE CE QUE NOUS LISONS DÉSORMAIS RÉSULTE DE COPIES DES MÊMES DÉPÊCHES INFINIMENT RESAUCÉES.

(par) autrui pour mieux dessiner une expérience subjective – une expérience de dépossession qui rejette tout idéal de souveraineté. Une trajectoire fragile et douloureuse de « dominé » s'esquisse au fil des notations de frustration et des postures de révolte : quand on a dû, enfant à Limoges, bloquer sa porte d'entrée contre des huissiers munis d'un ordre d'éviction, on se sentira à jamais étranger au beau monde des grandes maisons d'édition parisiennes : « *Je suis un suicidé commercial.* » Ce destin de *loser*, dans un monde érigé pour le triomphe de la police marchande, fait paradoxalement la force de la revendication poétique contemporaine. Lorsque Sylvain Courtoux écrit/copie que « *la postpoésie expérimentale de montage est une zone à défendre* », il décrit et cultive un terrain de résistance dont la force est d'être indissociablement économique et politique.

Un indestructible art de la précarité

Car le CTRL-C est d'abord le contrôle que le commerce marchand exerce sur le monde de l'édition. Dans *La Domestication de l'art*, Laurent Cauwet, éditeur d'Al Dante, a dépeint au vitriol l'inexistence à la fois tragique et salvatrice de la poésie contemporaine dans ce qui se vend au nom de la culture. « *Longtemps, pour l'entreprise culture, la poésie est restée* inadmissible[9]. » Cette inexistence est dramatique, parce que le statut de poète affame les ventres, et le tournant performantiel d'une poésie qui s'expose hors du livre (dans des festivals, des concerts, des résidences d'écoles) s'explique en partie par la précarité absolue du travail poétique. Mais cette inexistence est du même coup salvatrice, parce que cette poésie s'en trouve à proprement parler in-dépendante des lois du marché. Elle ne lui doit aucun respect puisqu'elle n'en tire aucun revenu. Elle ne lui accorde aucun sacrifice puisqu'elle n'a que des besoins modestes (papier, ciseaux, scanner, PC bas de gamme, chauffage, nourriture, temps libre).

L'un des plus beaux ouvrages de ce corpus est sans doute *low intensity conflicts* de Franck Leibovici, qui se présente comme un *mini-opéra pour non-musiciens (2008-2016)*[10] : ce montage de citations, de photos et de gadgets plus ou moins djihadistes distille des partitions non musicales que l'on peut aussi bien activer sur scène avec des dizaines de participants qu'explorer tout seul dans son lit. Bayreuth de chambre à zéro budget, avec le livre pour seul instrument.

Christophe Hanna a méthodiquement documenté cette précarité économique en mettant cette sous-population poétique au premier plan de son enquête sur les valeurs contemporaines de l'*Argent*. De Sylvain Courtoux (revenu mensuel = 720 €) à Nathalie Quintane (2 400 €), il analyse en ethnographe comment survivent ces poètes inadmissibles, majoritairement « insupportés » par nos institutions et valeurs dominantes. Dans un petit ouvrage qui pourrait lui servir de pendant, Cyrille Martinez (2 200 €) collecte une douzaine d'anecdotes illustrant les combats et les frustrations de ces poètes devenus insupportables à force d'être en mal de nourritures terrestres et réputationnelles[11]. Mais dès lors qu'il assume de rôle de « *suicidé commercial* », le poète insupporté ne craint plus la mort économique – devenant ainsi « indestructible » et proprement ingérable par les modes de management dominants.

Ainsi s'explique sans doute le triple titre énigmatique de la somme de Sylvain Courtoux – proprement assommante, parce que faite pour rouer de coups et assommer le lecteur confortablement rassis dans notre déni commun du CTRL-C. La situation économique et médiologique de l'*avant-garde* poétique contemporaine [12] ne peut faire d'elle qu'une *tête brûlée*, aussi bien par la surabondance assommante des messages qui nous traversent que par la faim inassouvie qui taraude son estomac. La confrontation lucide à cette précarité existentielle opère comme un gage de radicalité et comme une bouée de survie parfaitement en phase avec les générations collapsonautes – comme le *pavillon noir* d'un navire pirate régi par une « *éthique de l'autonomie* » et comptant sur l'entraide des exclus du commerce pour se raccrocher envers et contre tout à une « *injonction indéconstructible de l'indestructible* ».

Comment viser une médiarchie ubiquitaire ?

L'économie politique étouffante contre laquelle ces têtes brûlées d'avant-garde dressent leur pavillon noir présente sans doute les traits généraux du capitalisme dans sa variante néolibérale. Mais elle doit avant tout être identifiée à une certaine infrastructure de la communication médiatique. Christophe Fiat résumait bien la bataille à mener dans un article récent d'AOC : « *Dans ce monde infecté par les informations qui tiennent lieu de réalité, nous n'avons pas d'autres solutions que d'avoir recours au "brouillage" afin d'agir contre les discours formatés, dont le but est de nous angoisser, en les corrompant* [13]. » Au-delà des cercles restreints de l'édition, c'est le régime économico-politique des médias qui affame les poètes insupportés et qui constitue leur cœur de cible. Un cœur de cible aussi insaisissable qu'ils sont eux-mêmes inadmissibles, puisque à l'ère numérique les médias sont à la fois partout et nulle part, omniprésents mais rarement envisagés pour eux-mêmes, condition inaperçue du perceptible.

Ici se situe sans doute la spécificité la plus intéressante de cette « *postpoésie expérimentale de montage* » : son terrain premier d'enquête et d'intervention n'est pas un bocage normand mais *la médialité* elle-même – à savoir ce qui fait médiation entre nous par l'intermédiaire de dispositifs techniques incessamment renouvelés dont le financement et la maintenance innervent l'ensemble de notre corps social. En structurant notre milieu perceptif, en conditionnant nos attentions, cette médialité ubiquitaire constitue à l'évidence un régime de pouvoir – une « *médiarchie* [14] » – dont les dispositions actuelles nous emportent vers notre effondrement social et écologique. Le problème que (se) posent ces poètes est précisément *le* problème politique majeur qui paralyse actuellement nos évolutions sociales les plus urgentes : *comment viser, atteindre et dérouter cette médiarchie écocidaire qui intrastructure aussi bien notre environnement sensible que nos pensées intimes ?*

La première réponse que proposent ces postpoètes est de briser l'inertie des grands récits. Leur écriture sans écriture se construit non seulement contre la forme-roman qui domine le commerce littéraire. Elle rechigne plus fondamentalement au mode d'intelligibilité assez rassurant que propose la narrativité commune, avec ses programmes standards et ses schémas actantiels, son suspens et ses dénouements, ses fables et leur morale. Le copier-coller casse le fil des récits, ne nous laissant au mieux que des bribes d'événements (*Argent*), des anecdotes (*Le Poète insupportable*), des va-et-vient entre bouts d'histoires et réflexions essayistes (chez Nathalie Quintane ou Emmanuelle Pireyre) ou alors des mythes hypertrophiés (*King Kong, Batman* chez Christophe Fiat).

Première leçon donc : *pour viser un ennemi ubiquitaire, découpez-le en morceaux* (CTRL-X) où qu'il se trouve, et empêchez qu'il ne se reconstitue autour de ces irrépressibles attracteurs de sens que sont les récits. Hachez tout effet de sens pour rendre au réel son hétérogénéité fondamentale, que nos réalités médiatisées homogénéisent artificiellement à force de narrations. On ne déroutera nos médiarchies qu'en décollant ce que la glu du grand récit croissantiste fait mine de mesurer à l'aune d'un *happy end* aujourd'hui décrédibilisé mais toujours efficient. Comme le précise Olivier Quintyn, le copier/coller postpoétique, en résistant à la linéarité narrative, « *dramatise et exhibe l'incommensurabilité entre les différentes réalités constituées par chacun des objets symboliques pris dans son agencement*[15] ».

Bâtonnages contre matraquages

Quelles formes prennent donc ces poèmes pour dérouter les médias de l'intérieur ? Sylvain Bourmeau, qui a été l'un des principaux témoins et acteurs de métamorphoses médiatiques contemporaines (lançant ou dirigeant *Les Inrockuptibles*, *Libération*, Mediapart ou AOC), poétise la pratique du *bâtonnage*, qui consiste à rayer des bouts de phrases non-essentiels dans le but de réduire la taille ou d'accroître la lisibilité d'une dépêche. Sauf qu'au lieu d'aller plus vite à l'essentiel, il cisaille un mois d'articles de *Libération* pour y sculpter un nouvel objectivisme mité où ne s'ébauche que l'épure minimaliste et allusive des attentats du Bataclan. Une fois effacées les saillances aveuglantes qui imposaient au lecteur le sens clair et distinct qu'il s'attend à trouver dans un article de journal, le regard profite d'une obscurité énigmatique pour s'accommoder sur les restes et entrevoir dans ces bribes ce qu'habituellement la vue nous cache[16].

Après avoir remédié verbalement des scènes de films (*Flip-book*), après avoir kaléidoscopé notre culture éblouie de clichés (*HK-DQ*), c'est au medium de la photographie que s'attaque Jérôme Game dans son plus récent livre, intitulé *Album Photo*[17]. Il y déjoue la prégnance du visuel qui nous assaille de toutes parts en lui substituant une transcription textuelle. Une centaine de carrés ou de rectangles cadrés comme des photos, bien centrés au milieu de la page, contiennent des phrases qui décrivent ce qu'on voit sur une image manquante. Avec comme double effet simultané de nous faire imaginer ce que nous lisons, mais aussi de faire écran verbal à ce que nous ne voyons pas. Photographies de voyage dans une ville chinoise, selfies, scènes de TGV, photos de presse, légendes de photos de presse : ce sont chaque fois l'arbitraire et la violence du signe linguistique qui apparaissent au premier plan de ces non-images. Le discours est forcé de choisir quelques traits seulement parmi tout le visible de la photographie transcrite (pourquoi ceux-ci plutôt que mille autres ?). La verbalisation est contrainte d'expliciter les biais du regardant au lieu de laisser la scène visuelle parler d'elle-même (pourquoi choisir tel mot plutôt que tel autre ?).

C'est le geste de copie qui se voit problématisé, dans ce qu'il contient d'imposture : l'écriture poétique déroute ici la médialité photographique en détourant ostensiblement un sens qui s'affiche comme inhérent à l'image, mais qui s'avère surimposé de l'extérieur. On perçoit ainsi, très concrètement, en quoi toute copie colle nécessairement une (autre) signification sur ce qu'elle reproduit. Avec une deuxième leçon adressée par la poésie à notre (mal nommée) « *civilisation de l'image* » : on ne voit jamais rien (à Hiroshima, Marienbad ou ailleurs) tant que l'on se laisse traverser par le sens d'une image. L'impossible verbalisation de ce sens suffit à en faire voir à la fois la prégnance et le caractère insaisissable.

On peut aussi bien donner de cette deuxième leçon une déclinaison politique : *toute médiation (non poétique) relève peu ou prou du matraquage*. Ce matraquage est qualitatif : la plupart des messages qui circulent entre nous sont, précisément, des « messages » – programmés pour induire certains effets de sens imposés – plutôt que des « formes », ouvertes à une pluralité d'appropriations créatives. Mais ce matraquage est aussi quantitatif : Jérôme Game conclut son livre en rappelant que chaque minute, un million huit cent mille images sont snapées, un million six cent mille sont partagées sur WhatsApp, deux cent trente-neuf mille sont likées sur Instagram. En copiant/éditant/transcrivant une centaine de ces images sous forme de carrés textuels, le poète fait acte politique par l'index qu'il pointe ainsi sur la matraque qui tape incessamment dans nos têtes aussi bien que sur elles.

Poésie médianarchique

Déjouer le matraquage médiarchique qui informe quotidiennement notre monde, en se jouant poétiquement de lui : telle semble être la cause commune qui rassemble cette postpoésie contemporaine, laquelle fait dès lors œuvre *médianarchique*. Ses créations (incréatives) les plus emblématiques ont émergé dès les années 1990. *Heroes Are Heroes Are* de Manuel Joseph saisissait au vol des bribes de ritournelles envoûtantes arrachées au journalisme de guerre et à la stimulation pornographique. *Un ABC de la barbarie* (ou *Bréviaire des bruits*) de Jacques-Henri Michot copiait des coupures de journaux vecteurs des « *assourdissantes rumeurs de notre époque* » afin de « *mener un combat sans trêve ni merci […] contre le sauvage déferlement langagier qu'il estimait* porteur de mort », avec pour motivation première de « *garder, sur le Cauchemar, les yeux grands ouverts* »[18].

DÉJOUER LE MATRAQUAGE MÉDIARCHIQUE QUI INFORME QUOTIDIENNEMENT NOTRE MONDE : TELLE SEMBLE ÊTRE LA CAUSE COMMUNE QUI RASSEMBLE CETTE POSTPOÉSIE CONTEMPORAINE.

Nathalie Quintane s'inspire explicitement du livre de Michot pour construire *Les enfants vont bien* comme un « *montage* » de textes tirés des médias, de la législation et d'actes de résistance, afin de « *rendre compte de la violence* » faite aux réfugiés dans la France des années 2010 [19]. Un quart de siècle après avoir réfracté les envoûtements médiatiques de la première guerre du Golfe, Manuel Joseph vient de faire paraître un nouvel ouvrage, *Aubépine, Hiatus, Kremlin, Netflix & Aqmi ou les Baisetioles*, qui capte les ritournelles circulant sur les attentats de novembre 2015 et sur le concert donné par Sting au Bataclan une année après les faits [20]. Les mots rapportés en boucle de l'ex-chanteur de Police sont entremêlés de faits divers sur des victimes russes d'alcool frelaté, de listes des médias contrôlés par la famille Lagardère, mais aussi de communications qui n'avaient pas vocation à être publiques : une plainte contre M. Joseph pour saccage de bouton d'appel d'ascenseur, ou de longues séquences de SMS échangés à l'occasion d'une collaboration avec les artistes Thomas Hirschhorn et Jean-Luc Moulène (SMS publiés de façon à nous en faire remonter la succession chronologique).

Le matraquage ne passe plus seulement par les médias de masse. Grâce aux progrès techniques, nous pouvons désormais nous envoûter, nous harceler, nous marteler nos petites obsessions privées à toutes distances et à toute heure du jour ou de la nuit. Il ne suffit plus, comme le faisait *Un ABC de la barbarie*, de collecter les coupures de presse : la pression s'est progressivement immiscée au cœur de notre intimité. Les mots d'ordre ne sont plus le privilège de l'ORTF, du *Figaro*, de RTL ou de TF1 : la médiarchie commande désormais une entre-surveillance ubiquitaire qui se montre parfois d'autant plus intrusive qu'elle est attentionnée et bienveillante – sans cesser pour autant d'être traçable, computable, commercialisable selon l'ordre programmé des chiffres et des lettres.

C'est en s'attaquant à cet ordre programmé, davantage encore qu'au matraquage médiatique, que la postpoésie peut se réclamer d'un combat médianarchique. Comme l'analyse très bien un ouvrage récent de Corentin Lahouste qui interprète tout un courant actuel de la création littéraire sous la lumière d'un « *paradigme anarchique* [21] », la lutte ne se situe pas tant sur le plan d'une idéologie politique (l'anarchisme) que sur celui d'une certaine attitude existentielle (l'acceptation accueillante et enjouée d'un certain désordre). D'où une troisième leçon : *la postpoésie médianarchique aime les baisetioles foutraques déroutant le ronronnement bien ordonné des boîtes noires qui gouvernent nos médiarchies.*

Pareille attitude risque de décevoir les attentes classiques de la militance politique. Elle ne prône pas le conflit frontal avec l'antagoniste. Avec Benoît Toqué, elle collecte les discours pour mettre en jeu (ludique) les *Contrariétés* qu'ils causent en nous traversant, ou pour ériger l'entartage (le fait de lancer une tarte à la crème au visage d'un politicien ou d'une célébrité médiatique) en geste irrésistiblement comique et destituant [22]. Avec Emmanuelle Pireyre, elle reprend la matière de nos fils d'actualité pour en tramer des textes indécidables où convention citoyenne et délocalisation roumaine, délires OGM et sagesse manouche forment des nœuds chimériques qui renversent notre réalité médiatique cul par-dessus tête [23].

Plus généralement, cette postpoésie préfère une infiltration complice qui fera dévier (imperceptiblement) le fonctionnement des boîtes noires depuis l'intérieur. Sur le modèle de l'« exploit » des hackers [24], le pavillon noir des têtes brûlées ne flotte jamais aussi haut que lorsqu'il parvient à s'immiscer dans un système de communication pour en exploiter une faille cachée, dont il fait une occasion de désordre contagieux.

xx.com : poésie forensique d'une plateforme

2020 aura été une année charnière pour la postpoésie, avec trois contributions majeures (la première étant les *Baisetioles* de Manuel Joseph). Les Questions Théoriques ont fait paraître en mai *xx.com*, résultat hors-norme et inclassable d'une enquête médianarchique menée entre octobre 2017 et juin 2018 par Jean Gilbert sur une plateforme qui ressemble beaucoup à Live Jasmin. Le poète s'y est embarqué comme *camboy* proposant ses services sur ce site d'échanges érotiques payants dont il a méticuleusement investi, documenté, analysé, copié-collé et détourné les pratiques polymorphes. Son enquête participative, menée sous les pseudos de JoeyXX ou Demonloverr, s'est focalisée sur une relation métamorphique avec une *camgirl* roumaine à succès, Fanny (*a.k.a* LilyAsh ou PénisNu). Le produit final alterne photos et longs copiés/collés de leurs échanges publics sur le site (gratuits), de leurs conversations dans les chambres virtuelles privées (payantes, dont la tarification est soigneusement rapportée) ainsi que de leurs communications parallèles sur Skype (non tarifées). Mais les pages insèrent également de passionnants paragraphes explicatifs ou réflexifs sur le modèle économique de la plateforme et de la holding DCH qui en profite, sur l'enrichissement de son fondateur-propriétaire György G., fier de s'afficher en parangon du self-made-man-artiste-financier, sur les revenus estimés de LilyAsh (4 299,37 € pour novembre 2017, alors que le salaire brut moyen en Roumanie est de 893 €) ainsi que sur les barbouillements éthiques qui taraudent l'enquêteur embarqué dans un tel milieu ou encore sur les outils théoriques dont il dispose pour rendre intelligible ce qu'il y subit comme ce qu'il y accomplit.

Cette écriture sans écriture (copillage d'échanges en ligne), quoique mêlée d'écriture (explications, réflexions, choix de montage, options de formatage), produit une forme documentale parfaitement singulière, qui ne se contente pas de récupérer tous les effets de suspense des meilleurs thrillers (chassez le narratif, il revient au galop). Son mérite tient surtout à ce qu'elle nous fait toucher du doigt, sentir et mieux comprendre les rapports de pouvoir terriblement intriqués qui se trament désormais sur le terrain très particulier des plateformes. C'est bien la plateforme qui (s') écrit à travers JoeyXX et LilyAsh.

xx.com tisse et démêle simultanément un nœud passionnel, passionné et passionnant, au sein duquel 1/ György G. exploite ses « partenaires » en profitant de chaque mot que leur fait écrire la plateforme, 2/ JoeyXX dépense son argent en consommant le temps facturé par LilyAsh, 3/ Jean Gilbert développe une réelle amitié (réciproque) avec Fanny, 4/ laquelle bénéficie ainsi à très bon marché d'un coach, en passe de devenir son psychanalyste, 5/ ce qu'il renonce à faire, mais non sans avoir aidé Fanny à intenter un procès au studio qui l'ubérise pour réclamer le salaire de son exploitation.

À ce nœud économico-affectif correspond un nouage épistémo-politique non moins enchevêtré que nous aide à comprendre le troisième texte majeur paru au printemps 2020. Le traité *des opérations d'écriture qui ne disent pas leur nom* de Franck Leibovici théorise avec une limpidité admirable les modalités et les enjeux des pratiques de CTRL-C discutées ici. Il propose de parler de poétiques *forensiques*, mobilisant un terme anglais que l'on traduit souvent par « médico-légal », mais dont l'étymologie renvoie aussi au *forum*. Le forensique fait ainsi référence à un travail d'enquête matérielle aussi objectiviste que possible, produisant les pièces d'un procès qui a vocation à être public et à précipiter la formation d'un problème public.

Il n'est pas indifférent, sous cette lumière, que *xx.com* se termine sur le résultat d'une procédure légale intentée par Fanny pour toucher les sommes qui lui ont été contractuellement promises mais dont le studio veut la gruger. Le livre de Jean Gilbert peut se lire comme le dossier des « *productions documentales : rapports médicaux, scientifiques, procès-verbaux, dépositions, témoignages, expertises, minutes* » permettant de « *faire surgir des acteurs inattendus qui peuplent les écologies invisibilisées* [des plateformes d'*Adult Service Provider*] *pour modifier la composition de l'arène du tribunal et augmenter les populations convoquées* » au jugement du capitalisme de plateforme. Loin de revendiquer un espace autonome, la poésie forensique constitue ici un moyen de « *redistribuer la partition art/politique/sciences [pour] viser à la production de connexions institutionnelles* entre des mondes qui ne se recoupaient pas [25] ».

Dérouter nos viralités politiques

Sur ce point aussi, le livre de Jean Gilbert est emblématique de la postpoésie médianarchique. Il fait apparaître la multiplicité des médiations dont se constitue tout pouvoir, montrant comment y bidouiller de nouveaux branchements qui en tempèrent ou en éviscèrent certains effets de domination. En dépit de tout le pouvoir asymétrique des plateformes et de toute la richesse de György G., l'improbable collaboration entre la *camgirl* et le poète parvient à frayer une histoire complice qui brouille de l'intérieur les voies de l'exploitation-de-soi dont se nourrit le capitalisme numérique.

C'est chez Christophe Hanna qu'il convient d'aller chercher les dernières leçons politiques du courant poétique qu'il a tant contribué à développer et à élucider. Dans sa préface aux *Baisetioles*, il décrit l'efficacité pragmatique du livre de Manuel Joseph en des termes qui s'appliquent à tous les gestes médianarchiques passés en revue ici : « *La médiasphère n'est plus conçue comme un espace polarisé d'émetteurs-récepteurs, les uns pouvant tromper, influencer les autres, largement réduits à un rôle de consommation passive. Elle est saisie comme une nappe collaborative où chaque sujet est un acteur pluriel capable de jouer non seulement le rôle d'envoûté et de propagateur de formules envoûtantes, mais aussi de contribuer, par ses paroles même les plus personnelles, à construire les conditions de possibilité d'envoûtement et à en favoriser certaines conséquences idéologiques et sociales*[26]. » Autrement dit, quatrième leçon : là où les discours habituels sur la médiarchie écrasent les individus sous le poids des conditionnements médiatiques dans lesquels ils baignent, *les poésies médianarchiques réinjectent une puissance d'intervention au cœur même de ce qui nous aliène.*

Dès son manifeste de 2003, Christophe Hanna caractérisait cette « *poésie action directe* » par trois traits décisifs : 1/ ses enjeux principaux ne sont pas de l'ordre de la « *représentation* », mais de l'*intervention directe* dans une situation de pouvoir ; 2/ ses moyens privilégiés ne sont pas de l'ordre de la « *création* », mais du *spin*, c'est-à-dire de l'effet impulsé à un certain discours préexistant, afin de dérouter son impact ; 3/ ses modes d'opération ne reposent pas sur l'« *interprétation* » qui en sera faite, mais sur la *viralité* et la *virulence* de la contagion dont elle parviendra à infecter le corps social[27]. À une poésie traditionnellement accusée d'être élitaire, on oppose ici des pratiques dont la vocation est d'être endémique, voire pandémique.

Comment dès lors s'étonner qu'un tel programme ait trouvé une actualité politique incandescente en 2020, en un moment où le virus du SARS-Cov-2 a obnubilé des médiasphères irrésistiblement assiégées par les trolleurs qui occupent de plus en plus de palais gouvernementaux ? Le défi politique de notre époque est de se faire virus, de s'infiltrer au sein des dynamiques qui régissent les nouveaux pouvoirs de cette nouvelle classe que McKenzie Wark appelle depuis 2004 la « *classe vectorialiste* » – celle qui contrôle, exploite et profite de la multiplicité des vecteurs par lesquels circule désormais l'information (les Gafam, mais aussi les industries culturelles, les médias de masse ou les opérateurs de téléphonie)[28].

Cette politique médianarchique ne se substitue nullement aux formes plus traditionnelles de protestation et de lutte organisée. Mais elle en est désormais le complément et le relais indispensable. Aussi loin de la création contemplative de la poésie classique (*poièsis*) que de l'action militante de la politique traditionnelle (*drama*), les poètes évoqués ici interviennent par le milieu (par les médias), selon un agenda qui s'articule en termes de dispositifs et d'opérations (*pragma*). Cette postpoésie n'est certes ni « politique » ni « mobilisatrice », au sens où elle aurait pour fonction de nous mettre en marche sous les bons drapeaux. Ses opérations sont pourtant éminemment politisantes, au sens où elle nous aide à saisir comment les médias dominants nous font bouger et comment dérouter les ornières où ils nous enferrent.

1. Voir O. Rosenthal et L. Ruffel, « La littérature exposée », *Littérature*, n° 160, 2010, et n° 192, 2018 ; B. Cottet, « Littérature en performance », thèse en cours à l'université Paris 8 ; J.-P. Bobillot, *Quand éCRIre, c'est CRIer. De la POésie sonore à la médioPOétique*, L'Atelier de l'agneau, St-Quentin-de-Caplong, 2016.
2. M. Roussigné, « Une littérature offensive. Représentations, gestes et interventions à la ZAD de Notre-Dame-des-Landes », *Fixxion*, n° 20, 2020, p. 26. Voir aussi A. James et D. Viart (dir.), « Littératures de terrain », *Fixxion*, n° 18, juin 2019.
3. Voir L. Demanze, *Un nouvel âge de l'enquête*, José Corti, Paris, 2019 et <www.franksmith.fr/qui/>.
4. J.-M. Gleize, *Sorties*, Questions Théoriques, Paris, 2009, p. 36-43.
5. F. Leibovici et J. Seroussi, *Bogoro*, Questions Théoriques, Paris, 2015.
6. K. Golsdmith, *L'écriture sans écriture*, Jean Boîte Éditions, Paris, 2018, p. 11 et 24.
7. O. Quintyn, *Dispositifs/Dislocations*, Al Dante, Marseille, 2007, et *Implémentations/Implantations. Pragmatisme et théorie critique : essais sur l'art et la philosophie de l'art*, Questions Théoriques, Paris, 2017 ; F. Leibovici, *Des documents poétiques*, Al Dante, Marseille, 2007.
8. A. Deneuville, « Ctrl-C/Ctrl-V », thèse en cours au sein de l'EUR ArTeC.
9. L. Cauwet, *La Domestication de l'art. Politique et mécénat*, La Fabrique, Paris, 2017, p. 19. Pour une analyse plus sarcastique des effets de l'entreprise culture sur le monde littéraire, voir V. Kaufmann, *Dernières nouvelles du spectacle. Ce que les médias font à la littérature*, Seuil, Paris, 2017.
10. F. Leibovici, *low intensity conflicts. mini-opéra pour non-musiciens* (2008-2016), Éditions MF, Paris, 2019.
11. C. Hanna, *Argent*, Éditions Amsterdam, Paris, 2018 ; C. Martinez, *Le Poète insupportable*, Questions Théoriques, Paris, 2018.
12. Sur cette question, voir O. Quintyn, *Valences de l'avant-garde*, Questions Théoriques, Paris, 2015.
13. C. Fiat, « Écrire dans une époque de collisions », AOC, 18 juin 2020.
14. Voir Y. Citton, *Médiarchie*, Seuil, Paris, 2017.
15. O. Quintyn, *Dispositifs/Dislocations*, *op. cit.*, p. 65.
16. S. Bourmeau, *Bâtonnage*, Stock, Paris, 2017.
17. J. Game, Album photo, 2020, ainsi que *Flip-Book*, 2007 et DQ/HK, 2013, ouvrages parus aux Éditions de l'Attente, Bordeaux.
18. M. Joseph, *Heroes Are Heroes Are*, POL, Paris, 1994 ; J.-H. Michot, *Un ABC de la barbarie*, Al Dante, Paris, 2014 (1998), p. 10-11 et 20.
19. N. Quintane, *Les enfants vont bien*, POL, Paris, 2019, p. 7.
20. M. Joseph, *Aubépine, Hiatus, Kremlin, Netflix & Aqmi ou les Baisetioles*, Questions Théoriques, Paris, 2020. Sur le travail de Manuel Joseph, voir E. Lynch, « "Exhibiting poetry today": collaboration and politics in Thomas Hirschhorn and Manuel Joseph », *Fixxion*, n° 20, 2020, p. 1-11.
21. C. Lahouste, *Écritures du déchaînement*, Garnier, Paris, 2020. Voir aussi N. Wourm, « Poetic sabotage and the control society: Christophe Hanna, Nathalie Quintane, Jean-Marie Gleize », *Fixxions*, n° 20, 2020, p. 76-86.
22. B. Toqué, *Contrariétés*, Dernier Télégramme, Limoges, 2020, et *Entartête, performances*, Les éditions extensibles, Paris, 2020.
23. E. Pireyre, *Chimère*, L'Olivier, Paris, 2019.
24. A. Galloway et E. Thacker, *The Exploit. A Theory of Networks*, University of Minnesota Press, Minneapolis, 2007. Pour une belle étude sur une postpoésie hacktiviste tout à fait en phase avec les thèmes évoqués ici, voir A. Maignant, « Écritures en lutte dans le cyberespace : existe-t-il une littérature hacktiviste ? », *Fixxion*, n° 20, 2020, p. 11-24.
25. F. Leibovici, *des opérations d'écriture qui ne disent pas leur nom*, Questions Théoriques, Paris, 2020, p. 136-137 et 177-178.
26. C. Hanna, Préface à M. Joseph, *Aubépine, Hiatus…*, *op. cit.*, p. 18.
27. C. Hanna, *Poésie action directe*, Al Dante, Marseille, 2003. Voir aussi son recueil théorique le plus complet à ce jour, *Nos dispositifs poétiques*, Questions Théoriques, Paris, 2010, ainsi que tous les travaux réalisés sous le nom de La Rédaction parus aux Questions Théoriques.
28. Voir M.K. Wark, « Nouvelles stratégies de la classe vectorialiste », *Multitudes*, n° 54, 2013.

WILLIAM MORRIS

PORTRAIT

La révolution
au service de l'art

PAR Guillaume OLLENDORFF

Cent vingt-cinq ans après sa mort, William Morris, la grande figure du mouvement anglais de design néoartisanal Arts & Crafts, pourrait être considéré comme l'un des pionniers de l'« éco-socialisme », une idéologie alternative au productivisme située au croisement des questions sociales et environnementales. Mais il fut surtout le promoteur d'une pensée radicale où tout part de la notion d'art et tout y revient toujours. Politisation de la pratique artistique et esthétisation de la vie jusque dans ses aspects les plus quotidiens y deviennent une seule et même chose.

William Morris (1834-1896) fut un artiste phare de l'époque victorienne et l'un des plus éminents révolutionnaires anglais des années 1880-1890. Il n'a cependant jamais véritablement été présenté au public français. Si certaines de ses œuvres ont pu être exposées dans divers musées des arts décoratifs de l'Hexagone, ses écrits politiques ont tout simplement été oubliés. Il prophétisa pourtant les malheurs à venir de la société industrielle et promut, dans son art comme dans ses discours, un modèle non productiviste d'émancipation sociale. Quand il s'éteignit à seulement soixante-deux ans, son médecin le déclara victime « *de son enthousiasme pour la diffusion des principes du socialisme* ». Un diagnostic à la fois juste et incomplet. Morris avait en fait défendu toute sa vie une idéologie pionnière, proto-écologiste et proto-décroissante, difficilement compréhensible en son temps.

Ses superbes designs de papiers peints aux motifs naturalistes apaisants sont certes toujours en circulation (on les a même ces dernières années déclinés en vêtements, tasses ou rideaux de douche…), mais la mémoire collective ne conserve que quelques traces du reste de son travail. Elle se souvient d'un poète romantique très lu au XIXe siècle, dont l'influence a été revendiquée par des auteurs aussi différents que James Joyce ou J. R. R. Tolkien. On enseigne encore dans les écoles d'arts appliqués comment cet exigeant architecte d'intérieur dont le cabinet était visité par les grandes fortunes londoniennes produisit la chaise Morris, qui allait exercer une influence certaine sur les meubles du premier XXe siècle, notamment aux États-Unis. On lit parfois des articles universitaires relatant ce que les arts décoratifs, l'art nouveau, voire l'école allemande du Bauhaus (au moins sa première version à Weimar) lui doivent.

On s'intéresse dans des cercles plus spécialisés encore à ses vitraux un peu kitsch qui furent reproduits et copiés jusque dans les années 1950 au Royaume-Uni, à ses tissus délicats, à ses livres d'une exceptionnelle facture dont il assurait la typographie, la composition et les reliures lui-même.

L'art et la révolution

Séparée de l'homme et de ses discours politiques, la signification de ces œuvres est cependant souvent ignorée ou mal comprise. Morris était certainement un archétype de l'« *artiste engagé* » mais, chez lui, cette disposition n'impliquait pas tant de mettre l'« *art au service de la révolution* » que *la révolution au service de l'art*. Il se battait pour une transformation radicale du monde au nom d'une acception étendue de l'art, qu'il étirait jusqu'à ses plus vastes confins : « *Au-delà des productions artistiques explicites, de façon à embrasser non seulement la peinture, la sculpture et l'architecture, mais aussi les formes et les couleurs de tous les biens domestiques, voire la disposition des champs pour le labour et la pâture, l'entretien des villes et de nos chemins, voies et routes : bref, [...] jusqu'à englober la configuration de tous les aspects extérieurs de notre vie*[1]. »

Il faudrait ainsi, au nom de l'art, organiser un bouleversement social assez fort afin que toute la production économique se range à ses qualités de créativité et d'invention. La vie entière devrait, à la fin de ce processus, devenir art. Le travail, cette interface entre homme, nature et technique, devrait être transformé partout où c'est possible en une recherche de beauté, de patience, de plaisir de faire. On a parfois surnommé Morris « *le premier punk anglais* ». Si l'on considère le punk avec un minimum d'égards (et au sens large) comme un genre d'esthète anticapitaliste prêchant les vertus d'indépendance du *do it yourself*, alors cette dénomination est parfaitement acceptable. Plus généralement, l'engagement de l'art comme moteur et comme objectif de la transformation de la vie quotidienne devint au XXe siècle un grand thème de mouvements esthétiques et critiques allant des avant-gardes des années 1920 jusqu'aux situationnistes. Morris en fut un pionnier paradoxal, qui haïssait les prémices de la modernité technique.

LA VIE ENTIÈRE DEVRAIT DEVENIR ART.

Les ennemis à abattre au nom de l'art étaient bien sûr l'usine et le taylorisme naissant, les « *cadences infernales* » et la production de masse déterritorialisée avec son gâchis inhérent et ses produits de mauvaise qualité qu'il appelait « *makeshift* » – que l'on peut aujourd'hui traduire par « *ersatz* » –, la misère pécuniaire mais aussi psychologique, voire spirituelle : tout ce qui appartient encore aujourd'hui à la panoplie du productivisme.

C'est là, dans la pensée très étendue des conditions du travail et de la production, que l'artiste rejoint le militant politique et l'écologiste. L'art obéit (selon Morris) à l'injonction du beau. La beauté demande du temps et de l'application, elle ne peut pas survivre aux « *économies d'échelles* », surtout pas si on la considère au-delà du jugement forcément subjectif sur le seul produit fini et si l'on prend en compte l'entièreté du processus de sa fabrication, incluant l'état du monde et des hommes.

Les marxistes voulaient remettre l'usine à la collectivité, Morris, qui se considérait pourtant comme un disciple de Marx, voulait la détruire, la remplacer partout où c'était possible par des ateliers à taille humaine, de façon à permettre à chacun d'éprouver les joies séculaires du travail bien fait. Il voulait produire moins et mieux.

Le dédaigneux « *socialiste sentimental* » (Friedrich Engels), le valeureux « *romantique révolutionnaire* » (E. P. Thompson) et même le plus cryptique « *socialiste gothique* » (Ernst Bloch) sont tous des qualificatifs affublés à Morris. Ils renvoient chacun à leur manière à son idéal d'extension presque à l'infini du domaine de l'art. Mais cette attitude « maximaliste » n'est pas propre à Morris, qui l'a plutôt composée à partir de diverses idées piochées chez certains penseurs de son siècle. Malgré, ou à cause, de la violence sociale insensée de leur temps, ceux-ci étaient à la recherche d'une expérience collective de beauté, non seulement dans le domaine esthétique, mais aussi en politique ou dans la science. On le voit dans l'important *revival* néogothique débuté vers les années 1830, dans les projets grandioses de la Commune de Paris (1871) ou dans la balbutiante pensée écologiste.

Théorie gothique du travail

Morris est né une cuiller en argent dans la bouche, son père était l'une des deux cent cinquante plus grandes fortunes d'Angleterre. Il n'est pas le premier socialiste d'extraction grande bourgeoise (Engels par exemple), mais la contradiction entre son mode de vie et ses aspirations à libérer le travail n'allait jamais le lâcher, surtout à partir des années 1860 quand il devint un entrepreneur capitaliste de luxe œuvrant à peu près sept jour sur sept (ses ouvriers étaient cependant mieux traités et mieux payés qu'ailleurs). Il reportait d'ailleurs souvent sa colère sur ses clients, envers lesquels il avait le mépris facile. Enfant, il lisait Walter Scott (*Ivanhoé*) et courait les champs de l'Essex sur son poney dans une armure de fer-blanc... Le Moyen Âge était à la mode. Victor Hugo venait de publier *Notre-Dame de Paris* (1830 – la restauration du monument par Viollet-le-Duc, largement due au roman, débute en 1843). Le premier manifeste néogothique, *Contrasts*, avait été proposé par l'architecte Augustus Pugin en 1836. En 1851, le critique d'art John Ruskin fit paraître de son côté un essai intitulé *De la nature du gothique et du métier de ses bâtisseurs* où, à travers son observation des cathédrales, il développait un fort commentaire social sur la société industrielle du XIXe siècle.

Lors de ses tout premiers discours politiques à la fin des années 1870, alors qu'il était déjà un poète célèbre et devenait peu à peu un décorateur d'intérieur spécialisé en techniques médiévales, Morris présenta la pensée « *gothique* » de Ruskin comme une « *route sur laquelle le monde*

« SI VOUS VOULEZ FAIRE DE LA CRÉATURE QUI TRAVAILLE UN HOMME, VOUS NE POUVEZ PAS EN FAIRE UN OUTIL. »

devrait aller ». Il réédita même *De la nature du gothique*… en 1892 avec une préface de son cru où il définissait la politique comme la « *recherche du bonheur dans le travail* ». Entre-temps il avait lu *Le Capital* et fondé la Socialist League avec la fille de Marx, Eleonor, et sous le haut patronage (suspicieux) de Friedrich Engels. Il était effectivement devenu un « *socialiste gothique* ».

Selon Ruskin, le bâtisseur de cathédrales n'était pas un ouvrier servile appliquant le mieux possible les consignes précises d'un donneur d'ordre, mais un homme libre, dont on encourageait les penchants créatifs, voire les imperfections et les obsessions. « *Ne riez pas à ces affreux gobelins ou à leurs maîtres informes, ils représentent la vie et la liberté de chacun des ouvriers qui a touché une pierre.* »

Cet homme entier, passionné, obstiné et même « *sauvage* » était pourtant capable de merveilles d'expérimentations, d'exploits techniques et de coordination des métiers les plus divers. Il offrait un parfait contre-exemple du prolétaire de la fabrique d'aiguilles fameusement prise en exemple de bonne rationalité par Adam Smith dans *Recherches sur la nature et les causes de la richesse des nations* (1776). « *Si vous voulez faire de la créature qui travaille un homme, vous ne pouvez pas en faire un outil* », avance Ruskin. De cette simple leçon des Anciens, il déduisait une règle universelle à appliquer en son temps, qui devint l'un des fondements de la pensée de Morris : *ne jamais encourager la manufacture d'un article non absolument nécessaire dans la production duquel l'invention n'a pas sa place*. Et puis le bâtisseur était aussi l'instrument d'un projet social étalé sur un temps très long, durant lequel la transmission était maîtresse : le fils, voire le petit-fils de l'ouvrier terminait le chantier. La fièvre de construction avait été vive dans toute l'Europe entre le XIIe et le XIVe siècle. Viollet-le-Duc comparait cet élan à celui qui avait doté l'Europe de chemins de fer. Mais la cathédrale n'était pas une simple révolution technique, elle faisait aussi figure de *Gesamtkunstwerk* absolu, d'archétype de l'œuvre totale, collective et anonyme, d'incarnation d'un art populaire absolument opposé à ce que nous entendons de nos jours par le vocable art (une quête esthétique isolée, plus ou moins intégrée au marché). Elle était en sus née, au moins selon ses admirateurs à gauche, d'un mode de production particulier : une société où les artisans urbains se battaient afin de s'émanciper de l'oppression politique d'une classe aristocratique oisive. Elle était le cœur de la ville – l'esprit de sa liberté. Sa fierté bourgeoise, commerçante, ouvrière, artistique, ingénieriale et religieuse. Elle représentait, comme le disait l'anarchiste Piotr Kropotkine, l'« *union des paroisses et des guildes dans la cité* ». Ces guildes, Morris les considérait comme l'exemple le plus abouti d'une autorégulation des travailleurs, qui organisaient les conditions de leur métier (à

Strasbourg par exemple : pas plus de dix heures de labeur par jour, de nombreux congés annuels) et la transmission des savoirs selon des principes d'appartenance, d'amitié et de coopération qu'il allait ensuite désigner par le beau mot anglais de *Fellowship*.

La cathédrale gothique peut ainsi être pensée comme un symbole de liberté, une vue en négatif de l'époque des romans de Dickens et Zola. Une sorte d'usine inversée. Un « *art libre, [un] art du peuple, [un] art de la coopération* », un « *monument sacré du développement de l'homme et de son espérance* » disait même Morris. Le progrès doit alors savoir se mirer dans le passé. Aux yeux d'une certaine jeunesse anglaise artiste au mitan du XIXe siècle, se battre contre le classicisme académique de leurs pères, c'était montrer qu'un monde meilleur l'avait précédé (la *tabula rasa* moderniste n'était pas encore inventée). Morris fit ainsi logiquement partie du cercle artistique dit « *préraphaélite* » où évoluait Ruskin. On y conspuait l'art d'après Raphaël (mort en 1520). La Renaissance, l'humanisme et le proto-capitalisme de l'Europe de la fin du XVe siècle y étaient considérés comme le début des tourments de la modernité, le moment auquel, sous la pression de l'argent, l'art était devenu une activité d'élite réservée à l'élite et l'artisanat populaire avait commencé à diminuer en qualité.

La véracité historique de cette liberté des bâtisseurs comme de cette supériorité des artisans de l'époque gothique est bien sûr discutable. La force de cette image au XIXe siècle l'est moins. Marx, Engels, Lafargue, Hegel, Blanc,

SELON MORRIS, LA GUILDE N'ÉTAIT PAS TANT UN MODÈLE QU'UN SYMBOLE, LE TÉMOIGNAGE DE LA POSSIBILITÉ D'UN SYSTÈME D'AUTORÉGULATION ET DE TRANSMISSION FRATERNELLE.

Proudhon, Durkheim partageaient tous cette vision émancipatrice du Moyen Âge et de ses guildes (dont l'interdiction en 1791 fut décrite par Marx dans *Le Capital* comme un « *coup d'État social* »). Ils l'utilisaient en contraste avec la société industrielle naissante. On a parfois assimilé Morris à un éphémère mouvement anglais de « *guild socialism* » mais, à ses yeux, la guilde n'était pas tant un modèle qu'un symbole, un état d'esprit, le témoignage de la possibilité d'un système d'autorégulation et de transmission fraternelle. Une organisation qui, en garantissant l'inventivité dans le travail, imposerait des unités de petites tailles et conjurerait ainsi le productivisme comme l'accumulation du capital.

Luxe communal

Cette espérance du bonheur dans le travail n'avait pourtant pas que le goût forcément un peu passé du *revival*. L'extension du domaine de l'art par le biais d'une *Fellowship* se retrouva au cœur du projet fou de République universelle de la Commune de Paris (1871), dont les troupes étaient essentiellement constituées de clubs, associations et chambres ouvrières. La guilde avait fait la ville émancipée du Moyen Âge et ses cathédrales, son équivalent moderne

DANS CE SYSTÈME « *COMMUNALISTE* » DÉCENTRALISÉ, OÙ L'ÉTAT LAISSE LA PLACE À UNE FÉDÉRATION DES INITIATIVES LOCALES, LA DIVISION CAPITALISTE DU TRAVAIL FAIT FIGURE D'ENNEMI.

ferait la Commune.

Le manifeste de la Fédération des artistes de Paris, rédigé par le poète ouvrier communard Eugène Pottier, se conclut par la phrase : « *Le comité concourra à notre régénération, à l'inauguration du luxe communal et aux splendeurs de l'avenir, et à la République universelle.* » L'expression « *luxe communal* » servait à montrer que la communalisation des biens n'avait rien à voir avec ce « *partage de la misère* » que l'on reproche toujours aux communistes. Ce luxe collectif serait le produit d'un travail d'amélioration des espaces publics en vue de donner à tous et toutes un environnement plaisant. L'art sortirait du musée pour entrer dans la vie quotidienne de chacun·e – notamment *via* une éducation obligatoire, laïque et gratuite, mais aussi « *intégrale* » ou polytechnique, c'est-à-dire à la fois manuelle et intellectuelle, qui permettrait à tous les communard·e·s de connaître une « *vie variée* », selon l'expression de Morris.

Renverser la colonne Vendôme le 16 mai, ce n'était pas seulement s'attaquer à l'impérialisme napoléonien. C'était proposer de faire table rase des œuvres bourgeoises afin de céder la place au luxe communal. Dans son roman d'anticipation *Nouvelles de nulle part*[2] (*News from Nowhere* – 1891), qui montre de l'intérieur une société parvenue depuis cent ans à l'état communiste, Morris décrit comment le Trafalgar Square de sa Londres de l'an 2102 est devenu un verger planté d'abricotiers et de poiriers à disposition de tous et toutes, symbole d'un bien-être généreux, opulent, érotique même. C'est un hommage direct à la destruction de la colonne Vendôme… et à ce concept parisien de luxe communal[3]. Ce verger en libre accès signifie à la fois la disparition du capital et le fait que les « *partageux* » (surnom donné aux communards par leurs ennemis versaillais) créent du bien-être.

Dans ce système « *communaliste* » décentralisé, où l'État laisse la place à une fédération des initiatives locales, la division capitaliste du travail fait bien sûr figure d'ennemi. « *Plus d'exploiteurs, plus de maîtres […]. Le travail et le bien-être pour tous* » disaient par exemple les statuts de l'Union des femmes. Ces idées formaient le cœur de la doctrine de l'Arts & Crafts, ce mouvement néoartisanal dont Morris était la grande figure, et qui cherchait à accorder esthétique et éthique du travail et s'opposait à la révolution industrielle. Il fonctionnait autour de guildes de métiers et parfois de communautés de vie et d'expérimentation où l'on partageait les biens et les revenus. On peut citer celle fondée par l'auteur Edward Carpenter, un admirateur de Morris, qui fut parmi les premières au monde à revendiquer la présence d'homosexuels en son sein.

Beauté et cosmos

Morris rêvait donc au nom de l'art à un accès universel à des objets et des services « *faits par le peuple pour le peuple et qui procurent de la joie pour le faiseur comme pour l'utilisateur*[4] ». Mais s'en contenter serait ignorer la nécessaire troisième partie de cette équation : la nature, pourvoyeuse en chef de la beauté…

« *Tout ce que l'homme fait de ses mains a une forme qui peut être belle ou laide, belle si elle est en accord avec la Nature et vient à son aide, laide si elle est en désaccord et la contrarie*[5]. » Cette idée d'une nature synonyme de beauté allait dès le début du XXᵉ siècle être rangée dans le camp réactionnaire par le modernisme et ses divers futurismes. Elle plonge ses racines dans le romantisme allemand.

En intitulant son grand œuvre *Cosmos* (1845), l'explorateur et scientifique allemand Alexander von Humbolt avait mis, en bon disciple de Goethe, de Hölderlin et de Schelling, la beauté au cœur du mécanisme du monde. Le mot Κόσμος des Grecs ne décrit pas un univers inerte mais une danse, une *harmonie* entre les éléments et le tout. Chez Humboldt la compréhension de la nature n'est d'ailleurs jamais « *objective* », elle dépend du moi dans son entièreté. Il transmettait ses relevés de faits bruts mais décrivait aussi sa relation enflammée au ciel bleu, à la montagne, aux roches, aux nuages, aux plantes. Il ne niait pas du tout la guerre permanente de l'état de nature mais il s'émerveillait de ses puissances de collaboration, des filets invisibles de causalités multiples qui tiennent les choses ensemble et de la capacité de l'homme à recevoir en certaines circonstances cette vision holistique. L'un de ses disciples revendiqués, Ernst Haeckel, inventa le terme écologie, qu'il définit comme la science des relations d'un organisme avec son environnement.

Au cours de ses travaux, Ruskin, qui avait lu Humboldt (on l'a même accusé de l'avoir plagié), s'employa à diviniser cette harmonie. Il considérait non seulement la beauté comme sacrée, venue de dieu, mais aussi comme une forme supérieure d'*entraide*, la meilleure des relations possibles à son environnement. Il ne la voyait pas uniquement comme une tactique victorieuse de survie chez certains organismes (la fleur qui attire l'abeille pour sa pollinisation, la fraise dont le rouge attire l'animal qui disséminera ses graines par ses fèces), mais comme obéissant à la finalité du cosmos lui-même. La nature vient de l'état de guerre (causé par la Chute) mais elle tend vers une entraide parfaite, divine, christique, déjà en germe en chaque fleur, en chaque paysage, en chaque moment d'attraction et d'harmonie. On trouve des versions plus séculières de cette idée d'un évolutionnisme cosmique vers la coopération dans la théorie de l'esprit absolu de Hegel, chez divers philosophes comme Alfred Whitehead ou Samuel Alexander mais aussi chez Kropotkine, dans son livre le plus fameux *L'Entraide, un facteur de l'évolution* (1902), qui resitue l'homme dans la longue évolution biologique des tactiques de collaboration.

Morris reprit cette *biophilie* ruskinienne et en extirpa toute religiosité. « *La beauté, qui est le but de l'art, si on utilise ce mot dans son sens le plus large, n'est à mon avis pas un accident de la vie humaine, que les gens peuvent prendre ou laisser comme ils le souhaitent, mais une nécessité positive de la vie, si toutefois nous parvenons à vivre comme la nature nous y enjoint*[6]. » La nature représentait ainsi à ses yeux le grand modèle et le premier commanditaire de l'art, le pilier de ce droit à la beauté pour lequel il luttait. « *C'est cette part raisonnable de la beauté du monde que je demande comme un droit pour chaque homme, qui la gagnera avec son difficile travail [...] c'est ce que j'exige au nom de l'art*[7]. »

PROTÉGER LES ESPACES VIERGES « *NATURELS* » PARAISSAIT À MORRIS MOINS IMPORTANT QU'APPRENDRE À MIEUX VIVRE AVEC SON ENVIRONNEMENT QUOTIDIEN.

Protéger les espaces vierges « *naturels* » paraissait ainsi à Morris moins important qu'apprendre à mieux vivre avec son environnement quotidien. Dans *News from Nowhere*, il se moque de l'idée même de séparation entre homme et nature : « *Les gens appelaient ça "la nature". [...] ils devaient essayer de faire de la nature leur esclave, puisqu'ils pensaient que la nature était en dehors d'eux.* » Dans le communisme, l'homme deviendrait un genre de pasteur de la beauté du monde.

La « *nature* » y changerait l'homme et inversement dans un jeu de sympathie parvenu à sa circulation parfaite. L'homme morrissien n'est pas le *telos* du monde mais le responsable principal de son achèvement esthétique, l'agent de sa gloire. Ce statut ne délivre aucun chèque en blanc, au contraire, il lui donne de nombreuses responsabilités.

L'usine doit alors disparaître en tant qu'elle incarne, un peu comme le mort-vivant du roman gothique, une harmonie brisée, une profanation. Il faudra lui enfoncer un pieu dans le cœur si l'on veut rendre au monde son équilibre perdu. Ce qui importe, ce pour quoi l'on se bat jusque dans chacun des gestes de la production, « *c'est l'usage, la joie, la vie* ».

Égalitarisme pratique

Cette contestation esthétique du productivisme pouvait-elle devenir programmatique ? Le poète irlandais W.B. Yeats a dit de Morris qu'il cherchait « *la beauté et l'organisation* ». C'est bien sûr sur ce deuxième point que le bât blessait. Proposer en 1890 des solutions pour inventer une société postindustrielle était voué à l'échec, et celui-ci fut cinglant.

Vers 1880, Morris s'écarta peu à peu des « libéraux » réformistes bourgeois avec lesquels il avait milité jusque-là contre la politique extérieure impérialiste anglaise, afin d'intégrer la Socialist Democratic Federation (1883). Il la quitta elle aussi avec fracas (1884) à cause, entre autres, d'un désaccord sur la participation aux élections et au gouvernement, qu'il refusait absolument. Il débuta alors l'aventure de la Socialist League. Sans réduire son rythme de travail artistique, il se mit à sillonner l'Angleterre de part en part, donnant des discours debout sur un banc public, un wagonnet à l'usine, une chaise dans une salle des fêtes... À gauche, les positions étaient en train de se décanter entre les multiples obédiences anarchistes, les socialistes « orthodoxes » voulant des nationalisations dans le cadre d'un État fort et les réformistes « gradualistes ». Morris ne se retrouvait dans aucune de ces aspirations. Une centralisation étatique planifiée étoufferait selon lui la société, mais un système d'institutions et de limites à la liberté restait indispensable, sous peine de désintégration sociale (il défendait par exemple les décisions soumises au vote majoritaire, que les anarchistes combattaient). En 1888, l'Anglais Edward Bellamy publia *Looking Backwards*, roman d'anticipation socialiste, représentation exaltée d'un monde d'usines bien réglées par une solide dictature du prolétariat (et son armée industrielle à laquelle on doit un service de vingt ans…), qui obtint un grand succès dans les cercles de la gauche anglaise et américaine. Morris fit d'abord une recension furieuse de l'ouvrage : « *Il est impératif de rappeler qu'il existe des socialistes qui ne pensent pas que le problème de l'organisation de la vie et du travail nécessaire puisse être réglé par une gigantesque centralisation nationale reposant sur un genre de magie, pour laquelle personne ne se sent responsable ; et même qu'au contraire il sera indispensable aux unités administratives d'être assez petites pour que chaque citoyen puisse se sentir responsable personnellement de ses détails*[8]. » Il se lança ensuite dans l'écriture d'un travail de contre-propagande, le roman *News from Nowhere*, qui présentait ce socialisme à visage rural, débonnaire, auquel il rêvait. Des villages coalisés où l'on partage les ressources comme les tâches. Une vie simple et « *apaisée* », ralentie au nom de l'art comme de la justice sociale. Un socialisme modestement défini, où « *tous les hommes [vivraient] dans des conditions égales, et [géreraient] leurs affaires sans faire de gâchis* ».

MORRIS RÊVAIT À DES VILLAGES COALISÉS OÙ L'ON PARTAGE LES RESSOURCES COMME LES TÂCHES. UNE VIE SIMPLE ET « *APAISÉE* », RALENTIE AU NOM DE L'ART COMME DE LA JUSTICE SOCIALE.

Cette demande d'égalité des conditions matérielles, qu'il nomme aussi parfois « *égalitarisme pratique* », impose de repenser la division du travail. La dotation de l'essentiel (nourriture, soins, logement, éducation), à la base de l'idée socialiste, n'y suffit plus. Si l'on veut permettre à tous de pouvoir développer un métier dans des conditions « *artistiques* » où règnent invention et créativité, alors chacun doit prendre sa part de ce qui ne permet aucune possibilité d'épanouissement, de ces tâches pénibles nécessaires à la vie sociale. Plutôt que de précisément avancer ce qu'est le bonheur ou la beauté dans le travail, l'égalitarisme pratique nous invite donc à en produire une définition négative. Il nous faut un terrain d'entente quant au déplaisant. La rhétorique protestante capitaliste du travail rédempteur ne peut alors perdurer : « *En bref, c'est devenu l'une des lois de la moralité moderne de considérer tout travail comme bon en soi – une croyance bien pratique pour ceux qui vivent du travail des autres*[9]. » Certaines tâches sont des corvées. Les corvées, personne ne mérite d'en faire sa vie.

« *Si par ailleurs ce travail est particulièrement dur ou épuisant, vous conviendrez avec moi qu'il est juste que d'autres personnes le fassent avec moi, à tour de rôle. On ne peut pas me demander par exemple de passer toutes mes heures de veille au fond d'une mine de charbon. Ces besognes ne devraient être faites que de façon volontaire, et sur de courtes périodes*[10]. » Une société vraiment égalitaire socialiserait la corvée. On peut peut-être tracer l'origine de cette idée dans les mouvements proto-anarchistes anglais de *Diggers* (XVIIe siècle – « bêcheurs » en français) où chacun « bêchait » sa part de terre de la coopérative. Certaines jacqueries et révoltes du Moyen Âge avaient aussi en partie anticipé ces questions : « *Quand Adam bêchait et qu'Ève filait, où donc était le gentilhomme ?* » demandait vers 1380 le prêcheur révolté John Ball, dont Morris raconte les exploits dans l'un de ses plus fameux poèmes, *A Dream of John Ball.*

La litanie des dénonciations de la division industrielle du travail va du jeune Marx jusqu'à Ivan Illitch dans les années 1970 – les arguments restant fondamentalement inchangés. Le travail déplaisant, « *répugnant* » selon Marx, y est caractérisé par la subordination au chronomètre, la parcellisation des tâches au nom de leur optimisation, la répétition, la déqualification des ouvriers dans leur spécialisation même. Dès que la « *main ne pense pas* » selon l'expression de Morris. S'il est vraiment impossible de vivre sans l'infâme division industrielle du travail « *optimisé* », si la logistique de la société en dépend absolument, alors, nous dit Morris, nous devons tous y participer. La catastrophe, la honte, c'est l'hyperspécialisation. En la refusant, il deviendrait en sus de l'intérêt de tous de réduire le plus possible le nombre de ces tâches…

Morris avait anticipé le grand danger de cette croyance marxiste orthodoxe qu'un État socialiste centralisé basé sur la même division du travail oppressive que le capital pourrait libérer qui que ce soit. Le Marx du *Capital* (années 1860-1870) suspend en fait le projet de l'émancipation des ouvriers en attendant le communisme. Il le dit dans sa « Critique du programme du Gotha » (1875) : il s'intéresse à l'émancipation du travail plutôt qu'à celle des travailleurs – qui viendra ensuite. Il y aura deux phases, l'une encore imprégnée du travail au sens capitaliste, l'autre qui, cette fois de manière morrissienne, aura fait disparaître l'« *asservissante subordination des individus à la division du travail* ». Chez Marx, le prolétaire sacrifie sa subjectivité au nom du grand mouvement de l'histoire, il donne son corps à l'émancipation mais ne s'émancipe pas lui-même, comme l'a montré André Gorz dans *Adieux au prolétariat* (1980 – lui aussi prend l'artisanat comme contre-modèle du travail industriel dans son *Métamorphoses du travail* en 1988).

La gauche a donc suivi Marx. Elle a choisi de rester à l'usine plutôt que d'imaginer une autre voie du progrès. Elle avait ses bonnes raisons, il fallait négocier des conditions, horaires et protections. Mais l'usine était alors là pour rester. La charte d'Amiens de la CGT (1906) voulait même se l'approprier (exproprier les capitalistes). Les syndicats en sont finalement venus, contraints et forcés, à alléger des rapports patron/ouvriers que Morris voulait détruire.

Reterritorialisation de la production

Le «*fétichisme de la marchandise*», cette négation du travail de l'ouvrier survenant immanquablement dans le lien commercial (surtout si le produit vient de loin, ou de chaînes de productions dites «*hyperfragmentées*» sur plusieurs pays ou continents), est en conditions communalistes remplacé par des rapports sociaux qui se comprennent et se revendiquent comme tels. Rassembler le plus possible, et même confondre, les lieux de production et de consommation permet cette prouesse – c'est ce que Piotr Kropotkine appelait l'«*intégration du travail*» (par opposition à sa division). Il faudrait alors non seulement se désengager de la compétition internationale et de ses prétendus bienfaits (Morris dans *News from Nowhere*: «*Le plus grand vice du* XIXe *siècle, l'utilisation de l'hypocrisie et des paroles creuses pour échapper à la responsabilité de la férocité par procuration*»), mais aussi distribuer sur tout le territoire des ateliers et des petites unités de production, gérés par ceux qui y travaillent. Savoir les fédérer dans les cas de certaines ressources et industries qui ne peuvent être disponibles partout. Rapprocher à cette fin villes et campagnes, exigence classique de la gauche au XIXe siècle sur laquelle Morris a beaucoup insisté. La ville devrait produire la plus grande partie possible de ses biens, la campagne gagner des industries et des possibilités culturelles. Les deux marcheraient ensemble. L'idéal serait une fédération d'entités autonomes mi-rurales mi-urbaines auxquelles appartiendraient les moyens de production. L'entité «*communale*» deviendrait la base de la souveraineté politique comme économique, mais elle n'existerait que dans la fédération. Une commune des communes. Un État décentré, devenu un «*organisme plutôt qu'un mécanisme*[11]».

Gouverner les choses: Morris et la technique

L'auteur de la *Machine à remonter le temps*, H. G. Wells, pourtant un sympathisant, trouvait *News from Nowhere* à la fois charmant et trop naïf. Il l'est. Aucune infrastructure énergétique, pas de système de santé moderne, des écoles extrêmement libres, une abondance de biens à disposition dans de petits magasins gratuits… Des habitants très (trop) similaires à Morris, qui adorent faire des choses avec leurs mains, pour le plaisir. La science y est devenue au mieux un loisir (dans ses discours il proposait cependant de la réassigner au nettoyage des dégâts du productivisme, afin de montrer à «*Manchester comment consumer sa propre fumée, ou Leeds comment se débarrasser de ses surplus de teinture noire sans les évacuer dans la rivière*[12]»).

L'IDÉAL SERAIT UNE FÉDÉRATION D'ENTITÉS AUTONOMES MI-RURALES MI-URBAINES, AUXQUELLES APPARTIENDRAIENT LES MOYENS DE PRODUCTION.

MORRIS PROPOSAIT DE TOUJOURS SE DEMANDER CE QUE LA MACHINE FAIT À L'OUVRIER. TOUJOURS S'EN MÉFIER.

C'est le plus grand défaut de ce futur fictionnel, il n'aurait jamais vu venir un Einstein ou un Tesla. Mais en y détachant totalement la technique de l'idée de progrès, Morris s'attaquait surtout à la technophilie de ses amis socialistes. Il cherchait aussi à signifier à quel point, en 1891, la technologie était devenue un appendice du système commercial. « *Nous ne voulons pas nous débarrasser de telle machine tangible en acier et en cuivre mais de la grande machinerie intangible de la tyrannie commerciale qui étouffe notre vie à tous*[13]. » Au quotidien, contrairement à sa réputation d'artiste archaïsant, il ne rejetait pas les nouvelles technologies. Il utilisait par exemple la photographie afin de réaliser des agrandissements et de mieux contrôler certaines de ses pages enluminées ou de ses typographies…

Une autre grande figure du mouvement Arts & Crafts, C.R. Ashbee, a exprimé cela de manière limpide : « *Nous ne rejetons pas la machine, nous la célébrons. Mais nous aimerions qu'elle soit maîtrisée*[14]. » En l'état des rapports sociaux de son temps, c'était une position à la fois raisonnable et intenable, que l'on retrouve d'ailleurs sous diverses formes tout au long du xxe siècle (Simone Weil, Günther Anders, Jacques Ellul, Ivan Illitch…). Elle peut être résumée ainsi : la société émancipée à laquelle la gauche aspire pourra mécaniquement entraîner la machine avec elle mais l'inverse n'est pas vrai.

Il faut alors se demander comment juger la technique, inventer un « *gouvernement des choses* ». Dans sa conférence *Useful Work versus Useless Toil*, Morris proposait de toujours se demander ce que la machine fait à l'ouvrier. Toujours s'en méfier. À la différence d'un Paul Lafargue, qui rêvait dans son *Droit à la paresse* (1880) à une machine rédemptrice de l'humanité, Morris rejetait en l'état les soi-disant progrès de l'automatisation. Un personnage de *Nowhere* le dit depuis l'an 2102 : « *Ami, toutes les inventions pour réduire les dépenses de main-d'œuvre ont eu pour seul résultat d'accroître le fardeau du travail. L'appétit du marché mondial grandissait à mesure que l'on tentait de l'assouvir.* » Il extrapolait ici au futur l'appauvrissement général des métiers qui résultait déjà de la proto-automatisation de 1890…

Les habitants de *Nowhere* célèbrent ainsi la « *fin de l'âge des machines* » et le début de l'« *âge des artisans* ». Leur mise au pas de la technique a cependant nécessité son amélioration. « *Tous les travaux trop durs à faire à la main sont réalisés par une machinerie immensément améliorée ; et les travaux plaisants à faire à la main sont réalisés sans elle* » (chapitre XV). Morris mentionne plus loin des techniques efficaces mais abandonnées parce qu'elles étaient trop pénibles. On a donc mis l'innovation *au service du (beau) travail.* La seule chose qui ressemble à une usine, à *Nowhere,* est un « *banded workshop* », un genre d'atelier cogéré où les citoyens peuvent venir exercer leur art et utiliser des machines mutualisées (c'est en sus un atelier « *vert* » : aucune fumée ne sort de ses fours, qui sont peut-être bien dotés d'une technologie de capture inconnue de nous).

Une telle révolution des mœurs techniques est-elle seulement possible ? L'organisation communaliste est bien sûr celle qui semble à Morris le mieux à même de réussir cette épreuve, parce que tout va se jouer dans la manière dont les hommes interagissent entre eux. Et celle-ci dépendra au bout du compte de la façon dont la révolution sera menée.

Non-violence et révolution

Morris ne croyait pas au « *communisme de la catastrophe* ». Il disait ne pas vouloir commencer par la révolte « *mais y mener* ». Afin de changer les mœurs techniques il fallait déjà s'attaquer ici et maintenant au travail et à l'appareil de production, il fallait « *enrichir aujourd'hui sa vie* ».

Marier l'utile et le beau au nom de la transformation sociale et écologique faisait ainsi office de première réponse à l'énigme de la révolution, bien plus que la dictature du prolétariat. Les moyens doivent s'accorder à la fin : si le socialisme est un stade humain où la violence est dépassée, alors celle-ci ne peut servir à son achèvement. Les « *cinglés et les cracheurs de feu* » qui appelaient aux attentats ne présentaient aucun attrait à ses yeux. L'indispensable action insurrectionnelle devrait être pacifique et venir acter cette grande mutation. Elle aurait alors toutes ses chances. « *L'attaque des privilèges en tous points, le harassement permanent des capitalistes monopolistiques par la grève et les syndicats, le boycott sacré, des discours enflammés quand c'est nécessaire et une certaine endurance face aux amendes et aux peines de prison : ces choses feront peut-être ce que le mousquet n'a jamais pu faire*[15]. »

Morris perdit à la fin des années 1880 le contrôle de la Socialist League où il était pris entre les feux anarchistes et réformistes. Sur la violence comme sur la centralisation ou le productivisme, le XXe siècle a été sans pitié avec lui. Le marxisme d'État y est devenu le cauchemar qu'il avait pressenti, et bien plus encore. Son esthétique néogothique a aussi été totalement abandonnée à l'heure de l'ivresse futuriste.

LE MARXISME D'ÉTAT EST DEVENU LE CAUCHEMAR QUE MORRIS AVAIT PRESSENTI, ET BIEN PLUS ENCORE.

Le communalisme apparaît pourtant maintenant, *via* les idées du penseur américain Murray Bookchin (mort en 2006 – il souhaitait justement moderniser William Morris), et surtout leur application grandeur nature en République kurde du Rojava, comme l'une des grandes références de la gauche anticapitaliste moderne. Feu David Graeber, le célèbre anthropologue « anarchiste », en était par exemple un partisan.

La relocalisation de la production, les questions de l'autonomie, du protectionnisme et d'une certaine réintégration du travail sont de plus en plus discutées par les économistes de tous bords (on pourra par exemple s'intéresser au « Plaidoyer pour un protectionnisme européen » de Gaël Giraud[16]). Les villes se fédèrent régulièrement entre elles sur des questions environnementales laissées de côté par les États. La notion de « *biorégion* », une entité urbaine-rurale autonome économiquement et écologiquement, a émergé dans les franges du mouvement vert. L'écologie urbaine moderne se réfère constamment à Lewis Mumford (1895-1990), son géant, qui revendiquait absolument la filiation morrissienne.

Même le gothique n'a pas totalement disparu des imaginaires… Les comparaisons de tel grand projet industriel ou scientifique à une cathédrale sont toujours monnaie courante dans la presse du XXIe siècle. Au moment du tsunami médiatique et émotionnel qui a suivi l'incendie de Notre-Dame de Paris en avril 2019, la jeune activiste écologiste Greta Thunberg avait proposé de « *penser comme les cathédrales* ». Elle nous rappelait ainsi que ces siècles certainement ignares et rudes nourrissaient des aspirations civilisatrices auxquelles l'économie et le rendement étaient subordonnés. Elle plaçait une certaine forme de beauté au cœur du projet social. Elle faisait du Morris (probablement) sans le savoir.

Plus important encore, et plus concrètement : la révolution des mœurs techniques donne enfin des signes de vie. Le succès ces deux dernières décennies du vin naturel est par exemple un magnifique hommage à Morris. Une fraction significative de l'industrie viticole s'est retournée contre la course au rendement. Ce « *beau vin* » mélange d'anciennes et de nouvelles techniques ; le travail transfiguré du viticulteur y engage un cercle vertueux avec la nature. L'agroécologie, qui se définit contre le recours aux intrants détruisant l'équilibre (*l'harmonie*) des écosystèmes, se décline maintenant au futur. Le petit producteur redevient un personnage central (oui, il peut nourrir la planète, il la nourrit en fait déjà[17]). L'écologie – et notamment l'écoféminisme – a en sus montré la nécessité d'une relation *sensible* à l'environnement.

La biophilie est de retour. L'artisanat aussi. Une demande de créativité et d'autonomie dans la production des objets quotidiens se fait jour. Les *fablabs*[18], *repair stations*, *maker space* et autres *hacker space*, ces ateliers autogérés où l'on se réapproprie des savoirs techniques et des machines jusque-là réservés aux industriels, s'implantent dans les grandes villes (Barcelone est à la pointe de ces questions). Exaucent-ils les vœux de Morris ? Il faudrait ici savoir distinguer entre certaines initiatives plutôt « *low-tech* » et conscientes politiquement qui visent une véritable reprise en main des conditions de la production – quand on vient trouver de quoi réparer, voire fabriquer quelques équipements

DANS LA TEMPÊTE PERPÉTUELLE DU PRODUCTIVISME AGONISANT, LA PSYCHÉ DE NOS TEMPS ENTRE ENFIN EN CONVERSATION AVEC WILLIAM MORRIS.

ou meubles de base – et d'autres qui restent l'apanage d'une société *high-tech* encore très éloignée des réflexions morrissiennes (les imprimantes 3D – souvent des joujoux à l'utilité discutable), mais il y a peut-être là matière à un soupçon d'optimisme. Des « *indices de réparabilité* » apparaissent d'ailleurs timidement de leur côté sur les rayons des commerces.

Enfin, la pensée de la « décroissance », longtemps détachée des idées traditionnelles de gauche, se met aussi à marcher sur deux jambes, celle de l'écologie et celle de la justice sociale (éviter de diminuer le « gâteau » sans rien changer aux conditions de sa répartition). Dans la tempête perpétuelle du productivisme agonisant, la psyché de nos temps entre enfin en conversation avec William Morris. Sa plus grande leçon est peut-être de toujours espérer, de ne jamais se contenter d'une critique du système qui ne serait pas accompagnée par une image de l'émancipation. D'oser voir ce qui n'est pas encore là.

« *If others can see it as I have seen it, then it may be called a vision rather than a dream.* »

1. W. Morris, « Art under ploutocracy », conférence, 1883.
2. *Nouvelles de nulle part* est disponible en de multiples éditions. Une part du travail littéraire de Morris a été traduite et éditée par les Forges de Vulcain, et certains discours par Rivages. Le site <marxist. org> les contient tous en anglais, et même quelques-uns en français. On pourra aussi lire la très complète biographie de E. P. Thompson, *William Morris, Romantic to Revolutionary* (1953, réed. PM Press 2011, non traduit). La réédition du discours « Usefull works vs useless Toil » par le collectif de graphistes féministes Rietlanden Women's Office (2019) est un *must*.
3. Voir à ce sujet K. Ross, *L'Imaginaire de la Commune*, trad. de l'anglais, La Fabrique, Paris, 2015.
4. W. Morris, *Beauty of Life*, 1880.
5. W. Morris, *The Lesser Arts*, 1877.
6. W. Morris, *Beauty of Life*, 1880.
7. W. Morris, *Art and the Beauty of the Earth*, 1881.
8. W. Morris, *Commonweal*, 22 juin 1889.
9. W. Morris, *Useful Work Versus Useless Toil*, 1885.
10. W. Morris, *How We Live, How We Might Live*, 1884.
11. W. Morris et E. Belfort Brax, *Socialism Its Growth & Outcome*, 1886.
12. W. Morris, *The Lesser Arts*, 1877.
13. W. Morris, *Art and it's Producers*, 1888.
14. C.R. Ashbee, *A Few Chapters on Workshop Construction and Citizenship*, Londres, 1894, *via* Wikipedia Arts and Craft.
15. W. Morris, *The Class Struggle*, 1889.
16. G. Giraud, « Plaidoyer pour un protectionnisme européen », *Revue Projet*, vol. 2, n° 321, 2011, p. 79.
17. 80 % de la nourriture mondiale en 2019 d'après le Guardian. Voir F. Harvey, « Can we ditch intensive farming – and still feed the world ? », *The Guardian*, 28 janvier 2019.
18. Au FacLab de Genneviliers, on se revendique même directement de William Morris (mais probablement moins de son socialisme). Lire X. de Jarcy, « Avec les "Fab Labs", deviendrons-nous tous designers ? », Telerama.fr, 31 août 2012.

LES GOBELINS, UNE INSTITUTION ROYALE À L'HEURE NÉOLIBÉRALE

L'artisanat ou l'éloge de la lenteur

PAR Ève CHARRIN

Vertement critiquée par la Cour des comptes en 2019 pour son « immobilisme » et son manque d'« *efficacité économique* », l'institution que forment le Mobilier national et les Manufactures des Gobelins, de Beauvais et de la Savonnerie, fondée sous Louis XIV afin de fabriquer les meubles et tentures des palais royaux, se cherche une utilité sociale nouvelle en ce début de XXIe siècle. Injonction lui est donc faite d'entrer dans l'ère de la rentabilité, de la concurrence, de la performance. En somme, de vivre avec son époque. Mais la richesse de la vénérable maison, gardienne d'un exceptionnel savoir-faire et d'une autre éthique du travail, ne se situe-t-elle pas précisément en dehors des normes néolibérales ?

« *MANUFS EN DANGER* ». Aux Gobelins, les gros caractères se déploient sur une ancienne passerelle de bois. Fondée par Colbert il y a trois siècles et demi, forte de quelque 350 salariés, l'institution culturelle publique formée aujourd'hui par le Mobilier national (héritier du Garde-Meuble de la Couronne) et les Manufactures des Gobelins, de Beauvais et de la Savonnerie [1] serait-elle menacée ? Rendez-vous à Paris, dans les 22 000 mètres carrés qu'occupent au cœur du XIIIe arrondissement parisien la réserve et les ateliers publics où près de 250 ouvriers fabriquent et restaurent dans les règles de l'art les meubles, lampes, tentures et tapis destinés à orner les palais nationaux. Entre l'« *enclos* » historique des Gobelins où l'on s'active depuis Louis XIV, le bâtiment du Mobilier national conçu par Auguste Perret dans les années 1930 et la Nouvelle Manufacture, lumineux building de verre et de béton inauguré dans les années 1960, les banderoles de la CGT, syndicat majoritaire, côtoient la majestueuse statue de Colbert. Ici, la vieille tradition de déférence monarchique côtoie une solide culture revendicative. Les mêmes ouvriers qui accueillent avec respect « *monsieur et madame Macron* » en visite et bichonnent les fauteuils des ministres savent aussi contester leurs choix politiques.

Une institution étrillée par la Cour des comptes

Dans l'enclos du XVIIe siècle, le local syndical arbore entre tracts et autocollants une banderole en laine tissée datant d'un projet de délocalisation évité dans les années 1990 – «*une tapisserie de manif, pas du tout aux normes de qualité de la maison*», précise vivement Nicolas Mancel, délégué de la CGT. Aujourd'hui, «*ce qui préoccupe, c'est la perspective d'un changement de statut*», explique ce spécialiste de menuiserie en siège. Aux Gobelins depuis une quinzaine d'années, l'ouvrier d'art relaie les inquiétudes des collègues: de service à compétence nationale (SCN) rattaché au ministère de la Culture, les ateliers vont-ils être transformés en établissement public administratif (EPA)? C'est ce que préconise la Cour des comptes. Son rapport annuel de 2019 dénonce en effet «*une configuration propice à l'immobilisme*», en l'état actuel, et «*un statut inadapté à la conduite du changement*», c'est-à-dire «*peu favorable à l'inscription de ses activités dans une dynamique de recherche de performance et d'efficacité économique*» (*sic*)[2]. Un diagnostic dont le gouvernement a voulu tenir compte sans tarder. En novembre 2019, Emmanuelle Petitdemange, jeune membre du Conseil d'État, était nommée auprès d'Hervé Lemoine, le directeur de la Manufacture, comme «responsable du projet de transformation statutaire», puis secrétaire générale par intérim de la maison jusqu'au 21 février 2021, date à laquelle elle devra rendre sa copie.

L'INSTITUTION RECHIGNE À ENTRER «*DANS UNE DYNAMIQUE DE RECHERCHE DE PERFORMANCE ET D'EFFICACITÉ ÉCONOMIQUE*», DÉNONCE LA COUR DES COMPTES.

Il ne s'agit pas, dans ces pages, de prendre position au sujet d'un éventuel changement de statut, pas forcément problématique en tant que tel. Après tout, le service du ministère de la Culture formé par le Mobilier national et les Manufactures nationales des Gobelins, de Beauvais et de la Savonnerie a déjà été un établissement public administratif sans que ses missions de service public aient été remises en cause ni que la qualité des ouvrages ait été revue à la baisse. «*Ce qui nous inquiète, surtout, c'est ce que ça présage…*», glisse Nicolas Mancel. À savoir, «*l'introduction d'une logique de rentabilité dans un lieu de création*», avec son cortège de «*partenariats privés*». Alarmant? Le directeur, Hervé Lemoine, s'efforce de rassurer. Haut fonctionnaire et ancien des Archives de France, lui-même n'a pas le profil d'un *cost killer* acharné. Depuis son bureau décoré, entre autres, d'une superbe tapisserie de l'artiste Aki Kuroda tissée dans les ateliers voisins (et accessoirement d'une petite photo de lui-même dans la cour centrale avec le couple Macron), il explique qu'un statut d'établissement public administratif permettrait aux ateliers de bénéficier de ressources propres. Actuellement, explique-t-il, les règles de la comptabilité publique compliquent l'utilisation des recettes générée par ses collaborations avec le secteur privé. Par exemple, la ligne de sièges « Hémicycle » conçue aux Gobelins, et commercialisée depuis 2020 par l'entreprise d'ameublement haut de gamme Ligne Roset. Autre prestation : les défilés Hermès organisés dans la vaste réserve de l'établissement, la « réserve Perret », entre le fauteuil de Marie-Antoinette et le bureau de Valéry Giscard d'Estaing.

Initiatives contestées, terrain glissant ? Ces rentrées d'argent représentent « *très peu par rapport au budget de la maison* », souligne Hervé Lemoine : quelques centaines de milliers d'euros seulement, à comparer aux cinq millions du budget de fonctionnement et aux dix-neuf millions de salaires. Ces partenariats prestigieux visent surtout à accroître le rayonnement de l'institution et, au-delà, du design français, ajoute le haut fonctionnaire, précisant cependant qu'il n'entend pas « *entrer dans une logique majoritairement commerciale, parce qu'on ferait des concessions trop importantes en termes de recherche et de qualité* ». Bref, résume le directeur, pas question pour les Manufactures, « *lieux de création contemporaine depuis 350 ans* », de « *devenir un opérateur comme un autre sur le marché de l'art* ». Sans doute.

PAS QUESTION, JURE HERVÉ LEMOINE, DE « *DEVENIR UN OPÉRATEUR COMME UN AUTRE SUR LE MARCHÉ DE L'ART* ».

Mais c'est bien cette perspective qui semble avoir guidé les magistrats de la Cour des comptes. Par sa virulence, leur rapport, qui évoque « *une institution à bout de souffle* » (*sic*), est intéressant. Il montre que l'enjeu dépasse la question technique du statut ou, plus précisément, que celle-ci recouvre un tout autre débat, plus politique et quasi anthropologique. C'est que l'enclos des Gobelins oppose à la logique néolibérale dominante une résistance tranquille dont on comprend qu'elle puisse exaspérer des gestionnaires obsédés par la « *mise sous tension* » (management par le stress). Dans ce coin de Paris, à deux pas du tumulte automobile et marchand de la place d'Italie, rien ne se fait comme ailleurs. Le rapport au temps et la conception du travail y témoignent d'un écart (heureux) aux normes de l'époque. Les Gobelins sont un exemple de ce que Michel Foucault qualifiait d'« *hétérotopies* », ces « *espaces autres* » enclos dans l'espace ordinaire comme des « *sortes d'utopies effectivement réalisées* »[3]. Une exception dont on gagnerait peut-être à s'inspirer au lieu de chercher à l'éradiquer au nom de la « rationalisation ».

Comme une faille spatio-temporelle

Entre deux confinements, l'atmosphère est concentrée, presque monacale, dans les ateliers des Gobelins. Ni frénésie ni dispersion : « *Il y a ici un rapport au temps complètement décalé* », témoigne Sophie Herbin, vingt-neuf ans. En fin de première année d'apprentissage au sein de l'atelier de restauration de tapisseries anciennes, la jeune femme travaille sur une tenture aux motifs floraux, une délicate « verdure » du XVIe siècle aux tons passés. Sophie sait de quoi elle parle. Ancienne ingénieure en reconversion professionnelle, elle a connu le rythme « *très speed* » des cabinets de conseil dans les tours de la Défense et ne s'y est pas retrouvée. Lectrice assidue de *Connaissance des Arts*, elle a repéré un jour dans cette revue une annonce proposant une formation aux Gobelins. Après une visite des ateliers, son choix s'est porté sur la restauration, « *par goût de la durée, pour contribuer à transmettre une œuvre à travers les siècles* ». L'ouvrière en herbe reprend ses broches, qu'elle manie avec attention et dextérité. À l'été 2021, si tout se passe bien, l'ex-consultante, diplômée d'une école d'ingénieurs, validera son CAP. Deux ans de plus, elle décrochera son brevet de métier d'art et dans la foulée, si possible, un poste stable à la Manufacture, dans ce même atelier de restauration qu'elle n'a nulle envie de quitter. Pourquoi le faudrait-il ? Non loin de l'apprentie, Martine Saubusse, cinquante-six ans dont quarante aux Gobelins, restaure un tapis dessiné par Le Brun, très « *travaillé* » (« *piétiné* », précise-t-elle) après un long séjour à l'Élysée. Ses parents travaillaient ici, raconte l'ouvrière, elle-même a grandi « *au milieu d'œuvres toutes plus belles les unes que les autres* » et se réjouit de réaliser entre ces murs sa « *vocation* ».

« IL Y A ICI UN RAPPORT AU TEMPS COMPLÈTEMENT DÉCALÉ. »

À rebours de l'injonction générale à la mobilité professionnelle, l'inscription dans le temps long caractérise les Gobelins. Il faut quatre ans en effet pour former un·e ouvrièr·e d'art, et ce n'est qu'un début. « Ça donne les bases », explique Marie Rutschowscaya, entrée il y a un quart de siècle à l'atelier de haute-lisse (technique de tissage sur métiers verticaux) où elle est devenue cheffe adjointe. « *Après, il faut encore une dizaine d'années pour maîtriser toutes les techniques. Ça permet d'aborder des œuvres qui présentent une difficulté particulière, par exemple dans le choix du nombre de fils…* » indique-t-elle, désignant un carton de l'artiste américaine Kiki Smith. L'œuvre originale aux couleurs lumineuses, *Seven Seas*, a été entamée trois ans auparavant, un travail de longue haleine donc, rien d'exceptionnel pour une tapisserie de cette qualité. Car ce sont les contraintes techniques de réalisation, et elles seules, qui dictent le calendrier de fabrication. Exposé à deux pas, dans le bâtiment de la Nouvelle Manufacture, l'impressionnant *Diary* de Tania Mouraud a exigé, lui, huit ans de travail à quatre mains dans les ateliers de Beauvais. Télescopage de l'instantané et du patrimonial, cette tapisserie tissée en basse lisse (sur des métiers horizontaux) figure sur douze mètres carrés de multiples fragments d'actualité. Au total, quatre-vingts images extraites de vidéos réalisées par l'artiste avec son téléphone portable, certaines floues, d'autres d'une grande précision, reproduites en fils de laine. Bribes de manifs, clichés de compétition sportive, de journaux télévisés, zoom sur des avions de combat en plein vol : « *Chaque image a exigé un échantillonnage de fils, un prisme chromatique particulier et des techniques de tissage adaptées, comme pour une œuvre unique*, explique fièrement Odile Viret, cheffe de l'atelier de basse lisse où elle travaille depuis trente-neuf ans. *On prend le temps nécessaire pour faire du magnifique.* »

Hommages de l'industrie du luxe et des artistes contemporains

Soucieux d'accélérer la cadence, les contrôleurs des comptes n'ont évidemment entendu dans ce type de propos qu'un plaidoyer *pro domo*. Même d'un point de vue strictement économique, ils ont tort. La preuve ? Les champions français de l'industrie du luxe mondialisé, eux, sont loin de se plaindre de l'existence des Gobelins. Les Manufactures et le Mobilier national apportent à leur image de marque cet indispensable supplément d'âme qui rend désirables les marchandises haut de gamme. Une économie que les sociologues Luc Boltanski et Arnaud Esquerre ont appelée « *économie de l'enrichissement* », fondée sur l'exploitation symbolique de l'histoire, du patrimoine, des arts, en somme de tout ce qui échappe à la logique marchande [4]. Pour la même raison que Vuitton s'est doté d'une fondation d'art contemporain ou que Chanel a lancé en janvier 2021 un club littéraire, Hermès, Lanvin et Ligne Roset ont jugé bon de conclure des partenariats avec la maison fondée par Colbert, forte de son artisanat d'art exceptionnel, « *moderne depuis des lustres* » selon la formule-slogan qu'affectionne Hervé Lemoine. Certes, il est permis de voir là un hommage dangereux, en ce qu'il détournerait la maison de ses missions de service public. Le menuisier syndicaliste Nicolas Mancel évoque ainsi la ligne de sofas prototypée à l'atelier de recherche et de création (ARC, créé aux Gobelins par André Malraux en 1964), puis éditée par Ligne Roset, qui fabrique et commercialise les sièges dans ses boutiques en adjoignant sa marque au label de la prestigieuse maison publique. « *On n'est pas contre l'édition, mais pour meubler le secteur public, par exemple les hôpitaux, les universités* », insiste Mancel. Le défilé Hermès organisé dans la réserve Perret, où se pressent « *quatre cents personnes dans un espace de conservation qui ne devrait pas en accueillir plus de vingt en même temps* », ne correspond pas davantage aux fonctions essentielles du lieu, argumente le délégué de la CGT. Mais il faut retenir aussi qu'une certaine élite de l'argent, au lieu d'en fustiger l'« *immobilisme* », rend hommage à l'aristocratie ouvrière des Gobelins.

Autre hommage, moins équivoque : celui des artistes contemporains, qui suffit à démentir le procès en ringardise intenté par la Cour des comptes et repris par certains médias [5]. Les artistes américains Robert Kusher, Kiki Smith et Sheila Hicks, entre autres, apprécient le savoir-faire déployé aux Gobelins sans souci de rentabilité immédiate. Avant de rejoindre le salon d'une ambassade ou le hall d'un ministère, les tapisseries réalisées à partir de leurs œuvres sont désormais exposées à la Foire internationale d'art contemporain (FIAC). Même éloge de la part de la Franco-Américaine Chloé Bensahel, trente ans. En résidence aux Gobelins en 2020, la jeune femme a exposé à la réserve Perret ses tapisseries de lin blanc et de semi-conducteurs, lumineuses et interactives, dans le cadre de la FIAC hors les murs. Elle qui « *intègre les nouvelles technologies à la tapisserie* » a trouvé à la Manufacture des Gobelins et à celle, jumelle, de Beauvais, des interlocuteurs attentifs. « *Cette dimension d'innovation leur a particulièrement*

HERMÈS, LANVIN ET LIGNE ROSET ONT JUGÉ BON DE CONCLURE DES PARTENARIATS AVEC LA MAISON FONDÉE PAR COLBERT, FORTE DE SON ARTISANAT D'ART EXCEPTIONNEL.

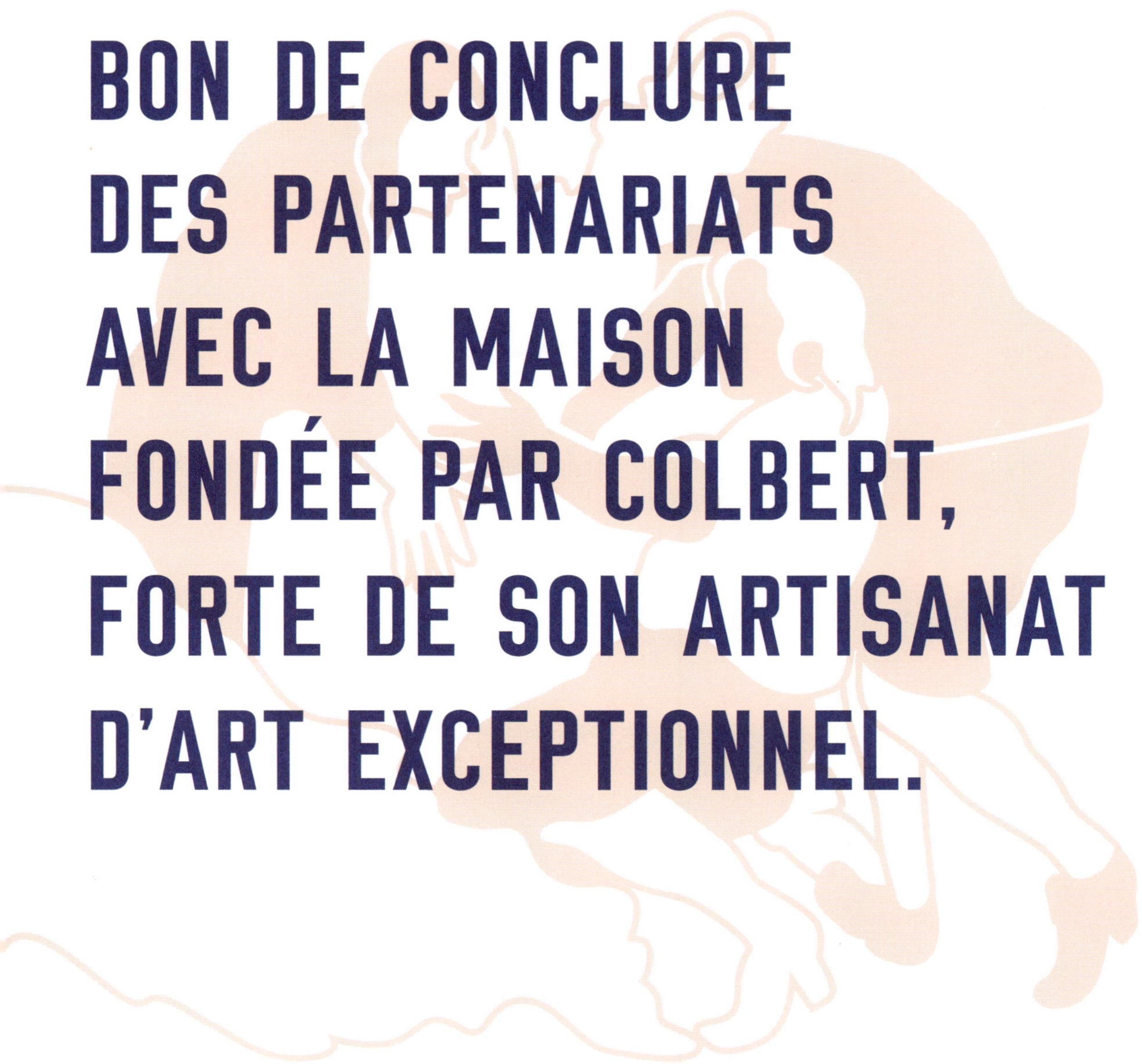

parlé», relève-t-elle. Chloé Bensahel a grandi aux États-Unis «*où le modèle privé domine*», elle y a effectué plusieurs résidences, notamment à la Smithsonian Institution de Washington. Nomade, elle est aussi passée par l'Australie. Aux Gobelins et à Beauvais, où elle s'est formée pendant trois mois aux techniques de basse lisse, la jeune artiste a trouvé «*une exigence technique ancestrale, exceptionnelle*», qu'elle estime «*incompatible avec la logique du rendement*».

Les ouvriers donnent le «la»

Ceci explique sans doute cela: aux Gobelins, la frontière se brouille entre fonctions de conception et d'exécution. Entre artistes et ouvriers, d'abord. Formés de façon continue au dessin et à l'histoire de l'art, les ouvriers (souvent les ouvrières) ne se contentent pas d'appliquer avec dextérité un protocole préexistant. Ils (ou elles) se livrent à un «*travail d'interprétation*» de la toile qui leur est confiée, avec un «*temps de recherche*», explique Odile Viret, la lissière: «*On choisit les nuances, les fils, la trame… Avec Jean Lurçat* [peintre, céramiste et créateur de tapisseries, 1892-1966, ndlr], *ça ne s'est pas trop bien passé parce qu'il apportait des cartons "fermés" qui réduisaient les lissiers à un rôle d'exécutants.*» À l'étage de la Savonnerie (où l'on tisse les tapis), Christophe Pellissier, chef de pièce, travaille sur une œuvre de pixels en noir, gris et blanc de Miguel Chevalier. Entré à la Manufacture comme apprenti il y a quarante ans, cet homme discret se réjouit des «*échanges fréquents avec l'artiste*»: «*Il est venu ici quatre ou cinq fois et il nous a invités à ses expos.*» Aux pixels en noir et blanc du projet initial, l'ouvrier a proposé d'ajouter des nuances de gris, suggestion retenue. Aujourd'hui, explique Catherine Bartolozzi, ancienne de l'École nationale des arts appliqués et responsable de la Savonnerie, «*on ne travaille plus seulement sur des cartons peints comme du temps de Vasarely, mais sur une multitude de supports différents, photos, images numériques, dessins, peintures… Ça nous oblige à repenser à chaque fois la technique employée*». Hybridation heureuse, aux antipodes des clichés sur les bobos et les prolos: aux Gobelins les ouvriers fréquentent les vernissages, tandis que les artistes viennent assister à la traditionnelle «*tombée de métier*» qui célèbre dans l'atelier l'achèvement d'une tapisserie.

UNE HYBRIDATION HEUREUSE, AUX ANTIPODES DES CLICHÉS SUR LES BOBOS ET LES PROLOS.

Il en résulte aussi qu'entre cols-bleus et cols blancs, les rapports de force en vigueur à l'extérieur n'ont plus vraiment cours. «*J'ai quitté un milieu où tout est* drivé *par les chiffres et par les directives de la hiérarchie*, explique Sophie Herbin, la consultante en ingénierie devenue restauratrice de tentures anciennes. *Ici, ce qui nous guide, ce ne sont pas les tableurs Excel, mais le goût du travail bien fait. À la fin de la journée, on peut voir ce qu'on a fait et ressentir que ça en valait la peine.*» Loin des *bullshit jobs* de la Défense, suivant l'expression de l'anthropologue David Graeber[6], on peut affirmer que les ouvriers donnent le «la» aux Gobelins, de même que peu ou prou les journalistes donnent le «la» dans la presse et les éditeurs dans l'édition, partout en fait où les valeurs d'un métier prévalent un tant soit peu sur la logique financière.

C'est précisément cette relative indifférence aux «impératifs» de rentabilité qui émeut la Cour des comptes: «*Les services support* [...] *très peu pourvus* [...] *ne peuvent, de ce fait, fournir au directeur l'appui adéquat dans le déploiement de sa stratégie et la maîtrise de sa gestion*», regrette Pascal Samaran, maître des requêtes rue Cambon, auteur principal du rapport sur le Mobilier et les Manufactures. Pas assez d'informaticiens, trop peu de communicants, pénurie préoccupante de financiers et de juristes, pointe-t-il, bref, pas assez de *bullshit jobs*. «*Il en faudrait au moins le double*», estime la Cour des comptes. (Facteur aggravant, aux yeux des contrôleurs des comptes, les chefs d'ateliers, entrés comme apprentis, restent des ouvriers, une situation qui «*crée des solidarités*» – des solidarités ouvrières: quelle horreur! – et «*des conflits de loyauté qui ne se résolvent pas toujours à l'avantage de l'employeur*».)

Entre la vision du travail selon laquelle le manager manage et l'ouvrier exécute, et l'idéal d'une certaine autonomie ouvrière (non réalisé mais vivace aux Gobelins), où se trouve la modernité? Après une année 2020 marquée par la redécouverte parfois étonnée de la notion d'utilité sociale, pandémie oblige, libre à chacun·e d'en juger.

Faire tapisserie au XXIe siècle?

Justement, la question de l'utilité sociale des Manufactures se pose, et avec plus d'acuité encore depuis le rapport de la Cour des comptes. On a choisi ici de discuter les présupposés économico-anthropologiques des magistrats-contrôleurs plutôt que leurs arguments gestionnaires et de valoriser l'hétérotopie urbaine que constitue au cœur de Paris ce lieu de métiers d'art et d'acquis sociaux. Reste une interrogation qui traverse l'enclos des Gobelins, des ateliers au bureau directorial : à quoi sert aujourd'hui l'institution créée sous Louis XIV aux fins d'ornement des demeures royales ? Lui suffit-il désormais de meubler luxueusement ministères et ambassades ? En somme, qu'est-ce que faire tapisserie au XXIe siècle ?

Vitrine de savoir-faire anciens et sophistiqués, l'institution est, « *depuis Versailles* », « *un instrument de puissance* », un « *vecteur de* soft power », indique Hervé Lemoine. Ce qui suppose de « *ne pas être hors sol* », d'ancrer la maison dans son époque tout en respectant ses spécificités. Un équilibre délicat. Plutôt que de tout miser sur de juteux contrats avec des poids lourds du secteur privé, la direction a choisi d'autres voies, plus cohérentes avec ses missions de service public. Au programme : des partenariats avec l'ensemble de la filière des métiers d'art et de restauration, fleuron français ; un campus réservé aux élèves de ces disciplines répartis dans les divers lycées techniques d'Île-de-France ; des invitations lancées aux designers à venir concevoir aux Gobelins, non plus le fauteuil du ministre, modèle unique et précieux, mais ceux destinés à l'accueil du public dans les préfectures, hôpitaux, etc. ; un encouragement au *made in France via* la relocalisation de la filière laine (la matière première des tapisseries, dont la production avait un temps été délocalisée en Nouvelle-Zélande, est désormais fournie par des bergers éleveurs de mérinos de la région arlésienne). Dans le même esprit, un partenariat a été noué avec la villa Noailles, fief de la mode.

Émerge aussi un souci légitime de faire savoir. Ouverte depuis 2018 lors des Journées du Patrimoine, la Manufacture a attiré jusqu'à 20 000 personnes. « *Les traditionnelles tombées de métier ne suffisent plus*, explique Hervé Lemoine. À présent, *les œuvres originales sorties de nos ateliers sont exposées à la FIAC, aux Design Week de Paris, New York et Milan* », histoire de placer la maison sur la scène mondiale du design et de l'art contemporain, de la manière la plus visible. D'ailleurs, les tombées de métier se sont elles-mêmes muées en événements de communication, avec leur lot d'invités de marque (Brigitte Macron, à l'occasion) et « *des* live *sur les réseaux sociaux* », explique Olivier Ibanez, qui assure depuis 2019 la communication de la vénérable institution.

Du côté des ateliers, ce nouveau souci d'attraper la lumière reçoit un accueil mitigé. Certes, il est flatteur d'accueillir lors des tombées de métier des politiques venus admirer l'œuvre tissée pendant plusieurs années. « *On coupe les fils de chaîne, on déroule et on voit la tapisserie dans son ensemble, pour la première fois, c'est un beau moment*, explique Odile Viret, de l'atelier de basse lisse. *Mais maintenant, l'œuvre achevée peut rester six mois sur le métier avant qu'on arrive à dégager une date dans l'agenda des prestigieux invités… Du coup, les lissiers se sentent un peu dépossédés, ils ont l'impression de servir de prétexte* » à une opération de relations publiques. « *On préférerait quelquefois continuer à travailler dans l'ombre* », confie un autre ouvrier. Anecdote révélatrice : quand on cherche à joindre au standard Olivier Ibanez, le sémillant directeur de la communication, du mécénat et des relations institutionnelles, en poste depuis plus de deux ans lors de notre enquête, le réceptionniste s'enquiert : « Il est dans quel atelier ? » Tweets d'un côté, tissage de l'autre, deux mondes sociaux se côtoient et s'ignorent.

SE FOURNIR AUPRÈS DES BERGERS ÉLEVEURS DE MÉRINOS DE LA RÉGION ARLÉSIENNE… ET PLACER LA MAISON SUR LA SCÈNE MONDIALE DU DESIGN ET DE L'ART CONTEMPORAIN.

Actrice reconnue de la création contemporaine, la Manufacture semble loin des paillettes. Tant pis, tant mieux ? Dans cette réticence, perceptible par le public, il est permis de voir une force.

1. L'institution comprend aussi les ateliers conservatoires de dentelles d'Alençon et du Puy-en-Velay, ainsi qu'un atelier de tissage de tapis à Lodève.
2. « Le Mobilier national, et les Manufactures nationales des Gobelins, de Beauvais et de la Savonnerie : une institution à bout de souffle », Cour des comptes, *Rapport public annuel* 2019, février 2019.
3. M. Foucault, « Des espaces autres » (1967), *in Dits et écrits*, Gallimard, Paris, 1994. « *[Il y a] dans toute culture, dans toute civilisation, des lieux réels, des lieux effectifs, des lieux qui sont dessinés dans l'institution même de la société, et qui sont des sortes de contre-emplacements, sortes d'utopies effectivement réalisées dans lesquelles les emplacements réels, tous les autres emplacements réels que l'on peut trouver à l'intérieur de la culture sont à la fois représentés, contestés et inversés, des sortes de lieux qui sont hors de tous les lieux, bien que pourtant ils soient effectivement localisables.* »
4. L. Boltanski et A. Esquerre, *Enrichissement. Une critique de la marchandise*, Gallimard, Paris, 2017.
5. T. Le Bars, « Temps de travail riquiqui, absentéisme… Les agents publics de la Manufacture des Gobelins cloués au pilori », *Capital*, février 2019.
6. D. Graeber, *Bullshit Jobs*, Les Liens qui Libèrent, Paris, 2018.

LE BULLDOZER CULTUREL CHINOIS

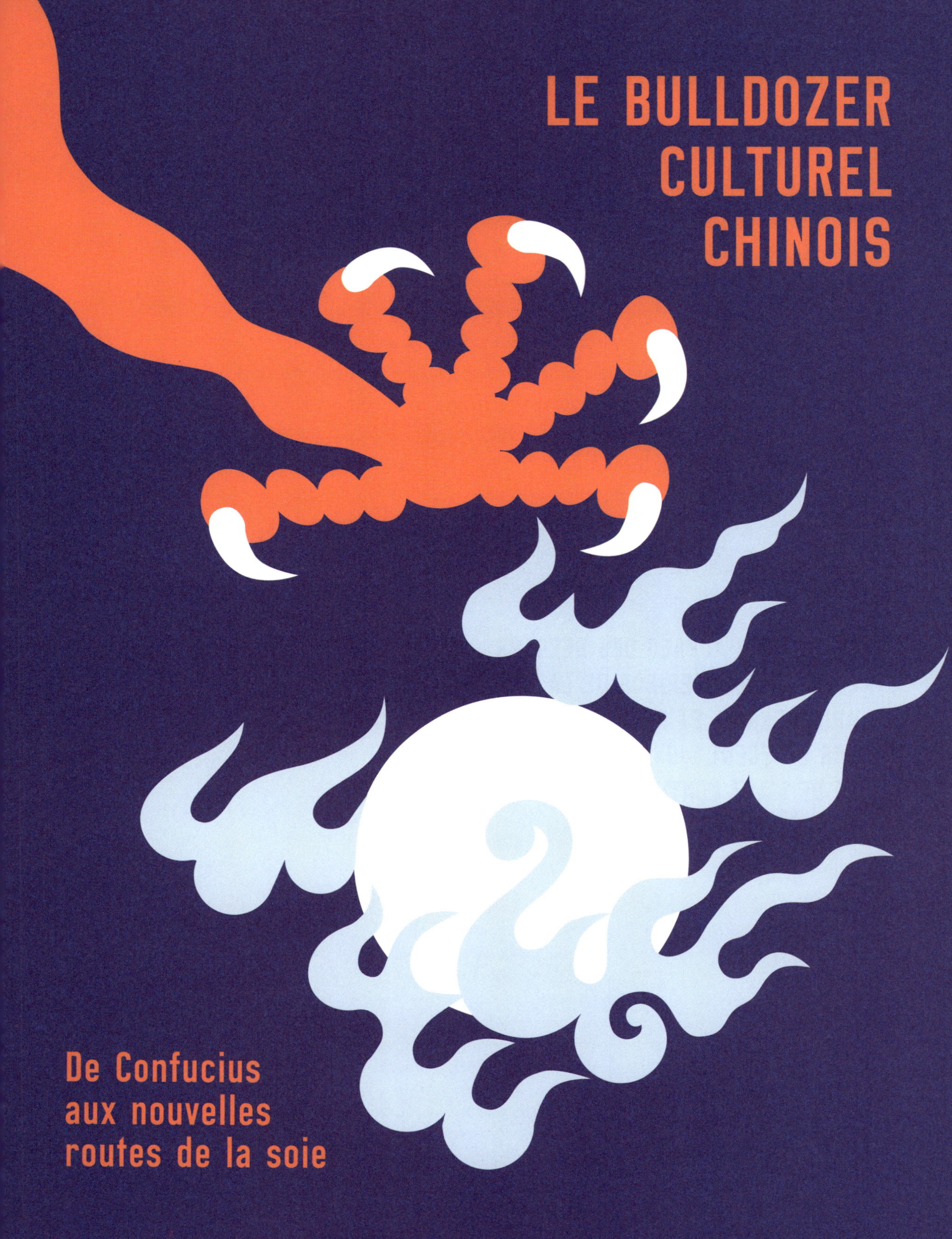

De Confucius
aux nouvelles
routes de la soie

PAR **Antoine PECQUEUR**

Après la crise sanitaire, le régime de Pékin doit reconquérir l'opinion. Xi Jinping entend miser sur la culture, tant pour affirmer au sein de ses frontières un discours nationaliste que pour s'imposer à l'étranger. Le même conglomérat public chinois est *leader* en ventes d'armes et en construction de salles de spectacle. Les nouvelles routes de la soie s'accompagnent d'un lourd investissement dans la culture. Cette dernière est ainsi devenue, en quelques années, le bras droit des enjeux politico-économiques, avec la collaboration des chancelleries occidentales, et notamment de la France, ainsi que de l'Unesco. Une mainmise qui se fait au détriment des cultures des minorités.

2021 est l'année franco-chinoise du tourisme culturel. Simple opération marketing ? Pas vraiment… C'est lors de la visite d'État du président chinois Xi Jinping à Paris en mars 2019 qu'a été annoncé l'événement. Quelques mois plus tard, en novembre, Emmanuel Macron a tenu à rappeler cette échéance lors de son déplacement à Shanghai. Et aujourd'hui, cette opération prend un sens encore plus fort alors que l'on perçoit la sortie de la crise sanitaire. Le virus étant apparu en Chine, le régime de Pékin se doit de partir à la reconquête de l'opinion internationale. Et quoi de plus « inoffensif » à première vue que la culture, *a fortiori* sous le prisme du tourisme ?

Christopher Walker et Jessica Ludwig, deux chercheurs américains du *think tank* National Endowment for Democracy, qualifient la diplomatie culturelle chinoise de « *sharp power* », l'opposant au concept trop sage, selon eux, de *soft power*. « *Depuis 2013, Xi Jinping a lancé une diplomatie plus agressive, notamment sur le plan culturel, car il a jugé que le* soft power *des années précédentes n'avait pas augmenté la cote de popularité de la Chine. Il a donc changé de curseur* », explique Éric Mottet, professeur de géopolitique de l'université du Québec et spécialiste de la Chine. On ne s'étonnera donc pas que le conglomérat public chinois Poly soit leader à la fois en vente d'armes et en construction d'équipements culturels. Dans les deux domaines, l'heure est à l'offensive. Politique et culture ne font qu'un, comme l'a encore montré le blockbuster *Loup guerrier 2*, réalisé par Wu Jing et sorti en 2017, véritable brûlot anti-occidental : le succès de ce film a été tel que désormais les diplomates chinois, qui s'inscrivent dans cette stratégie de provocation, sont appelés les « *loups guerriers* »… Et les puissances étrangères ont intérêt à le comprendre : après que le maire de Prague a soutenu Taïwan contre l'ingérence chinoise dans l'île, Pékin a purement et simplement annulé la tournée en Chine de l'Orchestre philharmonique de la capitale tchèque. Les représailles ne se font pas attendre.

Dans son essai *Chine, une nouvelle puissance culturelle*[1], le chercheur Emmanuel Lincot, professeur à la faculté des lettres de l'Institut catholique de Paris et chercheur associé à l'Institut de relations internationales et stratégiques (Iris), rappelle que le terme chinois « *Ruanshili* », qui serait l'équivalent de « *diplomatie culturelle* », « *s'appuie sur une forte tradition régalienne* ». Là où les gouvernements de nombre de pays occidentaux se retirent du champ culturel, le laissant aux mains d'opérateurs privés, l'État chinois entend bien rester aux commandes, affirmant sur ce terrain sa double nature communiste et libérale.

Inspiration maoïste

En l'espace de quelques dizaines d'années, la politique culturelle chinoise a nettement évolué. « *L'ouverture artistique s'est en grande partie faite sous le mandat de Hu Jintao* [de 2003 à 2013], *marqué notamment par l'organisation de l'Exposition universelle de Shanghai en 2010. Il y avait une vraie volonté de dialogue. L'idée était aussi de renverser la tendance en montrant que Shanghai pouvait être une ville aussi culturelle que Pékin* », rappelle la galeriste parisienne Magda Danysz, qui a ouvert en 2009 une annexe à Shanghai. Avec Xi Jinping, un nouveau cap a été franchi, plus autoritaire. « *Il y a clairement une radicalisation de la répression culturelle et une demande accrue de conformité aux mots d'ordre du Parti, qui sont désormais les* "énergies positives" *et le* "rêve chinois" », souligne le chercheur Nathanel Amar, directeur du Centre d'étude français sur la Chine contemporaine de Taipei, qui observe néanmoins que la stratégie culturelle de Xi Jinping « *ne s'écarte en rien des bases posées par Mao. En 1942, dans son* "*Discours de Yan'an sur la littérature et l'art*", *Mao théorise déjà l'utilisation de la culture à des fins politiques et l'importance capitale des arts dans la formation d'une nouvelle subjectivité communiste* ».

XI JINPING ATTRIBUE À LA CULTURE DEUX FONCTIONS MAJEURES : AU SEIN DU PAYS, RÉÉCRIRE LE DISCOURS DE LA NATION ET, À L'INTERNATIONAL, EN FAIRE UNE ARME DE SÉDUCTION MASSIVE.

En adaptant l'esprit maoïste au contexte actuel, Xi Jinping attribue à la culture deux fonctions majeures : au sein du pays, réécrire le discours de la nation et, à l'international, en faire une arme de séduction massive. Pékin sait que la bataille en vue de prendre la place de première puissance économique mondiale devant les États-Unis sera aussi culturelle. Alors que le divertissement *mainstream* américain irrigue toute la planète, le régime chinois entend s'imposer lui aussi sur ce terrain.

Les nouvelles routes « culturelles » de la soie

C'est le plus grand chantier de Xi Jinping. Lancées en 2013, les nouvelles routes de la soie (Belt and Road Initiative, BRI) cumulent les superlatifs : visant à connecter la Chine à l'Europe et à l'Afrique, ce projet – durement impacté par la crise du Covid-19 – touche, d'un point de vue géographique, 60 % de la population mondiale. Au-delà de la construction d'infrastructures, le régime chinois entend bien profiter de ce nouveau corridor afin de diffuser sa culture. « *À l'origine, ces routes avaient une vocation culturelle. Elles faisaient parcourir les idées. C'est grâce à cet argument historique que la Chine a même eu la labellisation de ce projet comme "nouvelles routes du dialogue" par l'Unesco* », note Éric Mottet, coauteur des *Nouvelles Routes de la soie*[2]. C'est ainsi que la Chine pilote dans ce cadre une alliance universitaire réunissant une centaine d'établissements supérieurs issus de vingt-deux pays. On y retrouve sans surprise des partenariats avec les États les plus sinophiles, comme l'Italie (représentée par la prestigieuse Politecnico di Milano) et la France, avec notamment Centrale Supelec de Paris-Saclay. Les universités occidentales y trouvent leur intérêt. Cette année, Paris-Saclay vient d'être classée quatorzième du classement de Shanghai établi par les chercheurs de l'université Jiao-tong. Une première pour la France, qui n'avait jamais atteint un rang aussi élevé dans ce palmarès à la méthodologie pour le moins discutable. La direction de Paris-Saclay n'a pas donné suite à nos demandes d'entretien.

Outre la formation universitaire, la Chine couvre l'ensemble des secteurs culturels. Une alliance des théâtres a ainsi vu le jour sous l'égide de la BRI, qui inclut jusqu'à La Comète de Châlons-en-Champagne… Une convention a été signée en 2016 entre l'Association française des scènes nationales et le China Arts and Entertainement Group, conglomérat public sous l'égide du ministère de la Culture chinois. N'est-il pas quelque peu paradoxal de voir une fédération française réunissant des théâtres publics s'allier au bras culturel d'un pays restreignant la liberté d'expression ? « *Ce projet s'intègre dans une réflexion sur l'export de nos créations. En outre, il est intéressant de pouvoir amener notre expertise : les théâtres chinois ont des manques considérables, notamment sur le plan de la technique* », nous explique Fabienne Loir, secrétaire générale de l'Association des scènes nationales, qui reconnaît néanmoins « *une censure dans les choix des productions. La programmation de l'ensemble des théâtres est faite par la direction générale du groupe. Sur place, les directeurs de chaque théâtre sont davantage des coordinateurs et n'ont pas vraiment leur mot à dire dans le choix de tel ou tel spectacle. C'est ainsi que la chorégraphie* Tordre *de Rachid Ouramdane, mettant en scène deux danseuses, avait été refusée* ». Dans le cadre de cette convention, les théâtres français ont finalement diffusé un spectacle sur la musique de Schubert et un autre de magie… Rien que de très consensuel. En nouant ces alliances, la Chine sait aussi qu'elle muselle indirectement les lieux d'expression occidentaux. Car une fois signé ce type de partenariat, on imagine difficilement les directeurs des structures concernées se lancer dans une production sur l'oppression de la culture ouïgoure.

La Chine a également mis en place un réseau de bibliothèques et des festivals de cinéma sur le thème de la route de la soie. « *Avec la BRI, la Chine ne fait pas que véhiculer sa culture. Elle est aussi dans une logique de collaboration, ce qui est un phénomène nouveau. On trouve ici l'idée que si les pays se connaissent mieux au niveau bilatéral, notamment grâce à la culture, cela permet d'éviter les tensions. C'est une stratégie de séduction, tout en ne s'opposant pas frontalement aux Américains* », analyse Éric Mottet.

Coproductions mondiales

Au-delà des nouvelles routes de la soie, des groupes chinois, dans cette même logique de coopération, sont allés jusqu'à coproduire des films avec les États-Unis. C'est par exemple le cas de *Nés en Chine*, alliance entre Disney et le studio Chuan Films, sorti en 2016, ou encore de *The Meg* (*En eaux troubles*), un navet mettant en scène un requin préhistorique sorti en 2018 et qui a culminé au box-office avec cent cinquante millions de dollars de retombées aux États-Unis et le même montant en Chine. « *Des groupes chinois financent les* blockbusters *américains qui en retour ont besoin du marché chinois pour rentrer dans leur frais. De fait, ils doivent donc se plier aux exigences de censure qui étaient jusqu'à présent réservées aux films chinois. On voit donc censure et autocensure s'accroître dès lors qu'il faut exporter ces produits culturels sur le marché chinois, que cela soit des films, de la musique ou même le sport* », analyse Nathanel Amar. Devenant un acteur puissant de l'écosystème culturel, Pékin peut d'une part diffuser ses propres formes artistiques et d'autre part contrôler au mieux les contenus étrangers, tout en bénéficiant de l'image positive d'une caution culturelle ; illustration parfaite de la nature même de « *démocrature* » du régime.

Premier financeur de l'Unesco

Afin d'asseoir sa légitimité culturelle, la Chine s'appuie totalement sur l'Unesco. L'organisation des Nations unies en charge de l'éducation, des sciences et de la culture a son siège à Paris, avec à sa tête la Française Audrey Azoulay. Mais en réalité, l'institution est sous l'influence de Pékin. « *C'est la même situation qu'avec l'OMS (Organisation mondiale de la santé) ou avec l'OACI (Organisation de l'aviation civile internationale), les autorités chinoises font de l'entrisme dans les agences onusiennes* », observe Emmanuel Lincot. D'autant plus depuis le départ des États-Unis, qui ont quitté l'Unesco en 2019 à la suite de la reconnaissance par l'organisation d'un site palestinien. La Chine en est depuis lors le premier financeur, chaque État contribuant en fonction de son poids économique. Le directeur adjoint est aujourd'hui le Chinois Xing Qu, un briscard du régime : il a été président de l'Institut des études internationales du ministère des Affaires étrangères et ambassadeur de Chine en Belgique. Afin d'affirmer encore mieux son lobbying, Pékin est allé jusqu'à financer la relance du journal de l'institution, *Le Courrier de l'Unesco*. L'ironie est de mise quand on sait que la Chine occupe la cent soixante-dix-septième place sur cent quatre-vingts pays dans le classement de la liberté de la presse de Reporters sans frontières.

N'EST-IL PAS PARADOXAL DE VOIR UNE FÉDÉRATION FRANÇAISE RÉUNISSANT DES THÉÂTRES PUBLICS S'ALLIER AU BRAS CULTUREL D'UN PAYS RESTREIGNANT LA LIBERTÉ D'EXPRESSION ?

LA CHINE EST LE PAYS QUI INSCRIT LE PLUS DE SITES AU PATRIMOINE MATÉRIEL ET IMMATÉRIEL, CE QUI LUI PERMET D'AFFIRMER SA MAINMISE SUR DES CULTURES MINORITAIRES.

Cette stratégie fonctionne en tout cas à merveille : la Chine est le pays qui inscrit le plus de sites au patrimoine matériel et immatériel. Le but ? Affirmer sa mainmise sur des cultures minoritaires. Car en l'absence d'État propre, les Ouïgours ou les Tibétains ne peuvent par exemple prétendre à aucune labellisation en leur nom. « *Officiellement, la Chine reconnaît cinquante-quatre ethnies. Mais dans la réalité, les Hans sont largement dominants, représentant plus de 90 % de la population. Pour Pékin, les autres ethnies sont du folklore* », explique Éric Mottet, qui souligne que « *selon Xi Jinping, l'art est au service du peuple. Sa politique repose sur un système de norme. Et la norme, c'est la culture Han* ». Ne s'agit-il pas dès lors d'un génocide culturel ? Aux yeux de Nathanel Amar, « *la culture des Ouïgours est criminalisée. De grands chanteurs pop comme Ablajan ou des musiciennes comme Sanubar Tursun ont été placés en camps de rééducation pour avoir seulement promu la culture ouïgoure ou chanté en langue ouïgour* ». Comme l'a montré le chercheur Darren Byler, les Ouïgours doivent « *manger de la Hanness* », c'est-à-dire représenter la culture majoritaire Han en public en effaçant toute trace de leur répertoire culturel propre. Sous la pression de Pékin, l'Unesco a aussi récemment banni un scientifique taïwanais de l'organisation d'un séminaire en ligne. Le motif ? Une mesure de l'agence onusienne interdisant d'inviter des citoyens taïwanais…

On notera enfin un paradoxe : Xi Jinping, qui n'a de cesse de se référer à Mao dans ses discours, veut en même temps remettre à l'honneur la culture ancestrale de la Chine. Or c'est cet héritage qui a été détruit en grande partie par Mao… Dans sa démarche, le régime doit donc retrouver des éléments culturels qui ont été conservés à l'étranger par les antimaoïstes.

Instituts Confucius

Leur nombre a explosé en quelques années : lancés en 2004, les instituts Confucius sont désormais cinq cent cinquante dans le monde, dont une quinzaine en France. Ils sont supervisés par Hanban, un opérateur placé sous la tutelle du ministère chinois de l'Éducation. En théorie, ces structures sont destinées à l'apprentissage de la langue et de la culture chinoises et calquées sur le modèle des Alliances françaises. Mais quel est leur objectif réel ? « *Je connais le procès en* soft power *de ces lieux, que l'on décrit comme les vecteurs de l'expansion chinoise* », nous répond sans fard Guillaume Giroir, directeur de l'institut Confucius d'Orléans qui, de son côté, préfère voir l'institut comme « *un outil de développement régional : ouvrir les étudiants français vers l'international, faciliter la conquête de marchés pour les entreprises locales. Nous accueillons des étudiants d'écoles de commerce qui veulent mieux connaître la Chine, envisageons des liens avec les écoles d'art…* ». Ce sont là les intérêts du côté français. Mais pour le régime de Pékin ? « *C'est un outil pour séduire la diaspora chinoise, qui représente cent vingt-cinq millions de personnes dans le monde*», juge Éric Mottet, qui y voit aussi «*un lieu idéal pour affirmer le ciment nationaliste de la pensée et faire face à l'hégémonie américaine*». Chaque institut affirme en outre sa spécificité: celui de Londres est ciblé sur la danse, celui de Copenhague sur la musique…

Le premier institut Confucius de l'Hexagone a été inauguré en 2005 à Poitiers. Une implantation qui ne doit rien au hasard: celui qui était à l'époque sénateur de la Vienne, Jean-Pierre Raffarin, est un proche du régime de Pékin. Depuis son retrait de la vie politique, il est à la tête de la fondation Prospective et Innovation créée par René Monory et qui est désormais principalement dédiée aux liens entre la France et la Chine, organisant chaque année un forum culturel franco-chinois (la dernière édition, virtuelle, s'est tenue en août 2020). La culture, limitée à son aspect le plus «officiel», n'est ici qu'un alibi en vue d'accompagner les enjeux économiques. Jean-Pierre Raffarin, qui n'a pas donné suite à nos demandes d'entretien, est membre du conseil d'administration de nombreuses entreprises implantées en Chine et également du Belt and Road Forum for International Cooperation. «*Il est intéressant de voir comment les néoconservateurs français ont une fascination pour le régime chinois et sa manière de fonctionner en imposant la force*», pointe Emmanuel Lincot.

Après Poitiers, les instituts Confucius ont essaimé dans différentes villes françaises, de Pau à Orléans. Ils s'installent généralement dans les universités, les écoles existantes et ne sont pas construits *ex nihilo*. «*Il y a deux types d'instituts: les associatifs et les universitaires. Les premiers sont davantage dans l'animation culturelle, les seconds principalement dans la recherche, la coopération*», détaille Guillaume Giroir avant de préciser que «*le financement des instituts se fait à parité entre la Chine et la France, avec également un directeur chinois et un français. La France fournit les locaux, met à disposition du personnel, notamment un enseignant-chercheur, un secrétaire gestionnaire*». Et *quid* des contenus? Peut-on organiser des événements sur la situation à Hong Kong? «*On n'est pas là pour provoquer. Il y a une manière de faire, le but n'est pas de transformer ces lieux en tribune antichinoise*», affirme Guillaume Giroir. L'Université française cofinance donc des lieux mettant entre parenthèses la liberté d'expression…

L'UNIVERSITÉ FRANÇAISE COFINANCE DES LIEUX METTANT ENTRE PARENTHÈSES LA LIBERTÉ D'EXPRESSION.

«*Pour les autorités de certains pays, les instituts Confucius sont vus comme des centres politiques et non pas de langue ou de civilisation. Ces États mettent en cause le recrutement des enseignants, formés en Chine et qui n'ont aucun regard critique*», souligne Éric Mottet. En 2019, l'Australie a ordonné la fermeture des instituts sur son territoire, dénonçant la lecture hagiographique de la politique chinoise qui y était enseignée, encore plus depuis l'arrivée au pouvoir de Xi Jinping. Sans surprise, Donald Trump bataille également contre ces instituts. Leur implantation est toujours stratégique : elle entre en résonance avec les marchés où la Chine est implantée et, parfois, leur construction précède même les intérêts économiques.

Mais finalement, ces instituts sont-ils des réussites ? Aujourd'hui, leur expansion semble ralentir, avec désormais autant d'ouvertures que de fermetures. Emmanuel Lincot a des doutes sur leur impact : « *Du fait de l'influence de la K-pop ou des mangas, les jeunes sont proportionnellement bien plus nombreux dans le monde à apprendre le coréen ou le japonais. L'influence chinoise montre ici ses limites.* »

Ventes aux enchères

Ce ralentissement des instituts ne saurait toutefois freiner les ardeurs de la Chine, qui entend bien exploiter le secteur culturel grâce à une stratégie à trois cent soixante degrés, en alliant économie publique et privée. C'est ainsi que Pékin investit plus que jamais le marché de l'art. Ce domaine est devenu emblématique de l'exacerbation de la rivalité sino-étatsunienne. La Chine possède deux entreprises, Poly et Guardian, respectivement troisième et quatrième maisons de ventes aux enchères au monde. Les deux premières sont Sotheby's et Christie's, qui occupent alternativement la place de numéro un mondial. Au moment de la vente de Sotheby's en 2019, le groupe Poly, dont la branche culture réalise un chiffre d'affaires de près de cinq cents millions d'euros, aurait souhaité mettre la main sur la maison étatsunienne, mais les tensions géopolitiques entre Pékin et Washington auraient empêché l'aboutissement de la transaction. C'est l'homme d'affaires franco-israélien Patrick Drahi, patron du groupe Altice, qui a alors pu racheter Sotheby's. Il n'empêche : même sans cette acquisition, les maisons de ventes chinoises accumulent de plus en plus de records de ventes, avec comme place forte Hong Kong. L'ancienne colonie britannique, où se déroule chaque année un immense salon dédié à l'art sous le patronage de la Foire de Bâle, est une porte ouverte sur l'Occident. L'instabilité politique a eu jusqu'à présent moins d'impact que la crise sanitaire. La Chine veut devenir un géant du monde de l'art : « *Il y a une explosion des infrastructures, avec chaque jour un musée qui ouvre ses portes en Chine ! Et désormais, ils confrontent les artistes chinois à l'art occidental* », note Magda Danysz.

« CHAQUE JOUR UN MUSÉE OUVRE SES PORTES EN CHINE ! »

Centralisation de la censure

Reste que l'art chinois mis à l'honneur doit répondre à une certaine esthétique. La Chine met en avant les peintres figuratifs, la calligraphie. « *Il y a des consignes claires. À la télévision, il est hors de question de voir un artiste subversif. L'art critique ne doit pas apparaître* », observe un acteur culturel du pays. D'où la situation d'Ai Weiwei, célébré en Occident mais mis à l'écart dans son pays. « *Dans les années 1980, sous Deng Xiaoping, les artistes étaient plus libres* », rappelle Éric Mottet. « *On n'a pas une censure frontale mais il faut faire attention* », concède Magda Danysz, qui précise : « *Pour chaque exposition, on remplit une demande dans laquelle l'œuvre exposée est décrite. Les autorités m'ont une fois interrogée sur un motif de fleur fanée, qui aurait pu être, selon eux, une métaphore de la situation du régime... Il ne faut pas oublier que l'art contemporain est récent en Chine, les premières expositions remontent au début des années 2000.* »

Une chose est sûre : Xi Jinping entend bien réaffirmer la puissance de la censure. « *Les instances ont été refondées il y a un peu plus d'un an*, nous explique Nathanel Amar. *Auparavant sous la tutelle du Conseil des affaires de l'État, les instances de censure sont désormais sous la supervision directe du département de la Propagande du Comité central du Parti communiste chinois. On assiste donc à une centralisation sous la tutelle du Parti, et non plus de l'État, de ces institutions culturelles.* » Conséquence directe : de nombreux lieux alternatifs, notamment des salles de concert, ont dû fermer leurs portes depuis l'arrivée au pouvoir de Xi Jinping.

Mais face au potentiel économique du marché chinois, les acteurs culturels occidentaux, et notamment français, se gardent bien de trop nourrir la polémique. Une fois de plus, l'art ne fait pas exception : les yuans sonnants et trébuchants font taire les velléités d'opposition. Lorsque nous avions interrogé, voici quelques années, l'architecte français Paul Andreu, disparu en 2018, sur le fait de diriger de nombreux chantiers (aéroports, opéra) dans un pays bafouant les droits de l'homme, il nous avait répondu qu'il ne se demandait pas quand il construisait en France « *si la ville était de droite ou de gauche* ».

Streaming et pays émergents

Outre l'art visuel, la musique devient également l'un des terrains de jeu privilégiés de la Chine. Dans la bataille du *streaming* sont régulièrement évoquées les rivalités entre Spotify et Apple. Mais on oublie que Pékin a aussi ses géants du numérique. Les Gafam (Google, Amazon, Facebook, Apple, Microsoft) du côté étatsunien *vs* les Batx (Baidu, Alibaba, Tencent, Xiaomi) du côté chinois, bien moins connus mais ultra-puissants. Le cas de Tencent est particulièrement intéressant. Entre le 1er mai et le 31 juillet 2020, son cours en Bourse a connu une hausse de 40 % (représentant un gain de deux cent vingt milliards d'euros), le plaçant devant Alibaba. Le groupe doit sa fortune à l'application WeChat, aux jeux vidéo mais aussi à la musique, misant sur le *streaming*. Après s'être longtemps concentré sur son marché intérieur, Tencent s'est récemment développé à l'international, allant jusqu'à acquérir en avril dernier 10 % d'Universal Music. À l'étranger, le groupe s'attaque en particulier aux marchés asiatique et africain. C'est devenu le service des pays émergents, là où l'essor de la classe moyenne va de pair avec une consommation culturelle accrue. Miser sur la culture dans les pays émergents est plus que jamais un enjeu stratégique permettant d'éviter le face-à-face frontal avec les États-Unis tout en pénétrant dans des régions longtemps chapeautées par les anciennes puissances coloniales. Le pacte avec les États africains est simple : en échange de l'accès aux matières premières, Pékin finance la mise en place d'infrastructures, de routes mais aussi d'équipements culturels. C'est ainsi que la Chine a payé les coûts de construction du musée des Civilisations de Dakar ou de l'opéra d'Alger. Avec à la clé un impact économique direct : l'année où la Chine finançait l'opéra d'Alger, elle devenait le premier partenaire commercial du pays devant la France. Sans oublier un atout évident en termes d'image : selon l'Afrobaromètre, 63 % des Africains jugent désormais positives les activités chinoises dans leur pays. La Chine occupe ainsi la deuxième place parmi les modèles de développement national, juste derrière les États-Unis mais bien loin devant les anciennes puissances coloniales.

Hong Kong, Taïwan : la mainmise par la culture

C'est aussi grâce à la culture que la Chine affirme sa présence à Hong Kong. Pékin a ainsi accordé la résidence hongkongaise à des artistes chinois extrêmement célèbres, comme Zhang Ziyi, l'actrice de *Tigre et Dragon*, ou le pianiste Lang Lang. Un dispositif inédit – alors que ce type de double résidence n'est légalement pas possible – qui n'a qu'un but : accroître la mainmise chinoise au moyen de la culture. Aux yeux du régime, les arts doivent contribuer à mettre fin au régime spécial de l'ancienne colonie britannique. « *Alors que la Cantopop*[3] *et le cinéma hongkongais étaient des acteurs majeurs de la production culturelle est-asiatique des années 1970 à 1990, la rétrocession a également vu l'influence des productions hongkongaises diminuer vis-à-vis des œuvres produites en Chine ou en collaboration avec la Chine* », nous explique Nathanel Amar. Dans la même logique ont été construits ces deux

MISER SUR LA CULTURE DANS LES PAYS ÉMERGENTS EST UN ENJEU STRATÉGIQUE PERMETTANT À LA CHINE D'ÉVITER LE FACE-À-FACE FRONTAL AVEC LES ÉTATS-UNIS.

dernières années un grand nombre de musées et lieux culturels affirmant la culture de l'Empire du Milieu. En janvier 2019, Xiqu, un théâtre entièrement dédié à l'opéra chinois, a ainsi été inauguré. Non sans provocation, les autorités ont même édifié un musée consacré aux médias (News Expo), au moment où la censure bat son plein. Aujourd'hui, les lieux culturels doivent en effet soumettre leur programme pour validation et des libraires ont même été arrêtés car ils proposaient à la vente des ouvrages critiques de la politique de Pékin. C'est donc une alliance entre propagande et répression culturelle qu'orchestre le régime. Taïwan regarde avec anxiété l'évolution de la situation hongkongaise, craignant de voir une situation similaire se reproduire sur l'île. Basé à Taipei, Nathanel Amar rappelle que « *la Chine a également adopté une nouvelle charte destinée aux artistes hongkongais et taïwanais qui veulent pénétrer le marché chinois : ils doivent s'engager à ne pas prendre de positions politiques publiques pendant cinq ans, sinon ils peuvent recevoir une amende* ». Une véritable pression économique. Et cela alors que le climat politique a rarement été aussi tendu : « *On n'est pas à l'abri de la volonté de Xi Jinping d'annexer Taïwan. Il ne me semble pas rationnel.*

C'est un grand schizophrène dans sa politique », observe Emmanuel Lincot, qui l'a rencontré à l'occasion de son dîner d'État avec Emmanuel Macron en mars 2019.

Début mai, au moment où l'Europe était frappée de plein fouet par la première vague du Covid-19, la Chine décidait d'autoriser les salles de spectacle et les cinémas à rouvrir. Mais rapidement, le retour du virus, notamment à Pékin, a refroidi les ardeurs des dirigeants chinois. Les salles n'ont pu retrouver leur activité qu'à partir de la mi-juillet. Le symbole reste cependant celui d'un pays qui aura souhaité au plus vite se relancer par la culture. Cette dernière s'inscrit dans le jeu géopolitique du piège de Thucydide, ce concept hérité de la Grèce antique, qui voit une grande puissance établie se lancer dans la guerre contre une nation émergente dont elle suspecte qu'elle cherche à lui prendre la place. « *L'impact de la crise sanitaire pourrait être au final encore plus dur pour la Chine que pour les États-Unis. On entre dans une période de récession, avec une détérioration des relations diplomatiques. Est-ce que le régime va tenir le choc ?* », s'interroge Emmanuel Lincot. Ce qui pose aussi la question de la future stratégie de l'administration Biden face à Pékin… Le nouveau président des États-Unis sera sans doute moins dans la provocation que son prédécesseur mais toujours dans un rapport de force, peut-être même encore plus tendu sur certains sujets comme les droits humains. D'autant que les arts pourraient aussi ne plus se cantonner à la position d'alliés dociles du régime mais, au contraire, se rebeller. La crise du Covid-19 a mobilisé encore davantage les artistes, à commencer par l'écrivain Fang Fang qui a publié un journal quotidien de quarantaine à Wuhan, véritable pamphlet antigouvernemental. À Hong Kong, les manifestants ont même monté le « Black Blorchestra » (orchestre et choristes avec masques à gaz et casques) et créé l'hymne de l'indépendance. Comme nous le glisse un activiste, « *le danger pourrait en fait venir des artistes* ». Et si la stratégie de Pékin se retournait contre elle-même ?

1. E. Lincot, *Chine, une nouvelle puissance culturelle*, éditions MkF, Paris, 2019.
2. É. Mottet, *Les Nouvelles Routes de la soie*, Presses de l'université du Québec, Montréal, 2019.
3. La Cantopop est une musique populaire en langue cantonaise produite à Hong Kong (ndlr).

PENSER LE BRÉSIL
AVEC BRUNO LATOUR
Où atterrir
sous Bolsonaro ?

PAR **Alyne COSTA**

Depuis l'arrivée au pouvoir de Jair Bolsonaro en janvier 2019, le Brésil est secoué par de nombreuses catastrophes d'ordre politique, social, économique, écologique et, plus récemment, sanitaire – en raison de la manière dont la pandémie de la Covid-19 est affrontée. La traduction brésilienne du livre *Où atterrir*? de Bruno Latour est parue en 2020, au plus fort de cette crise multiforme. Selon la philosophe Alyne Costa, la « *fiction politique* » proposée par Latour nous aide à comprendre la situation sociale et politique du Brésil et, à travers lui, celle dans laquelle se trouve notre monde, si profondément secoué par la mutation climatique dont la pandémie est une illustration dramatique.

Quand Bruno Latour annonce, dans les premières pages de son livre *Où atterrir?* (2017), l'hypothèse centrale qui motive son essai, il le décrit comme une fiction politique élaborée autour de l'élection de Donald Trump à la présidence des États-Unis en novembre 2016. Beaucoup voient dans ce succès électoral, comme dans la victoire des *Brexiters* lors du référendum organisé six mois plus tôt au Royaume-Uni, l'indication que nous sommes entrés dans une nouvelle ère de la politique, appelée de façon un peu vague «*politique post-vérité*». Dans *Où atterrir?*, Latour entend démontrer qu'il s'agit plus précisément d'une «*politique post-politique*[1] », puisque son objectif n'est plus de construire un monde commun mais de le dissoudre.

Dans un livre paru en 2018, la philosophe Barbara Cassin montre que la différence cruciale entre la fiction et la post-vérité est que la première nous engage dans la narration de l'histoire, tandis que la seconde n'est rien d'autre qu'un mensonge d'autorité. « *Toute fiction est en attente de bons lecteurs* », conclut-elle[2]. En ce sens, la fiction politique de Latour paraît ne viser d'autre objectif que d'engager les lecteurs dans la narration d'une histoire qu'il appelle *géohistoire*[3]. Ce qui, à son tour, exige que nous accompagnions l'auteur dans une double (et difficile) tâche : non seulement comprendre ce qui se cache derrière les mensonges de l'autorité, qui témoignent d'une érosion profonde du sol commun, mais aussi trouver des moyens de le reconstruire.

Au Brésil, où le livre[4] est paru moins de trois ans après sa sortie en français, les événements qui se sont déroulés pendant cette période en confirment l'hypothèse centrale. Depuis l'accession de Jair Bolsonaro à la présidence en janvier 2019, nous ressentons intensément les effets de la corrosion du sol qui résulte de sa politique post-politique.

Le déclenchement de la pandémie de Covid-19 au début de l'année 2020, sans doute la plus grande crise sanitaire mondiale de l'histoire récente, est venu s'ajouter aux tragédies qui s'accumulaient déjà au Brésil, amplifiant et intensifiant ses répercussions[5]. La propagation mondiale du virus rend plus pertinente encore la proposition latourienne de partir de la perspective écologique afin de comprendre les transformations de notre temps. Et cela vaut autant pour ceux qui pensent cette époque à partir de la notion d'Anthropocène que pour ceux qui emploient des termes tels que la post-vérité déjà mentionnée, la crise de légitimité, le capitalisme tardif, la nécropolitique et tant d'autres expressions qui cherchent à éclaircir les problèmes et les conflits contemporains.

Cette pandémie, à l'instar de ce que Bruno Latour appelle le Nouveau Régime Climatique, est le fruit des « *migrations sans forme et sans nation*[6] » qui signalent l'érosion de la terre stable dont nous avons joui depuis des milliers d'années. La crise migratoire, qui pousse des millions de personnes à travers le monde à chercher sécurité et subsistance en terres inconnues, n'est, de ce point de vue, qu'une dimension (bien que très dramatique) d'une migration beaucoup plus globale, laquelle inclut une myriade d'agents non humains – virus, bactéries, gaz atmosphériques, animaux, plantes, rivières… – dont la dynamique de circulation a été profondément altérée par la civilisation industrielle. Le Nouveau Régime Climatique qui se met en place suite à ces migrations démontre fortement une « *universalité perverse*[7] », constituée par un sentiment général de manque de terre.

D'après Latour, on peut voir la portée de ce genre d'universalité négative[8] quand on regarde les mobilisations politiques qui ont lieu partout aujourd'hui. Que ce soit dans l'avancée du néolibéralisme qui marque ce que l'on peut appeler (faute d'une meilleure expression) le capitalisme tardif, ainsi que dans le climato-négationnisme, le nationalisme, l'autoritarisme, le fascisme, le conservatisme, l'extrémisme de droite qui cherche à barrer les flux, les masses et les droits ; mais aussi dans les luttes, les protestations et les résistances visant à élargir les droits, à libérer les flux, à retrouver la liberté

LA PANDÉMIE REND PLUS PERTINENTE ENCORE LA PROPOSITION LATOURIENNE DE PARTIR DE LA PERSPECTIVE ÉCOLOGIQUE AFIN DE COMPRENDRE LES TRANSFORMATIONS DE NOTRE TEMPS.

de mouvement, dans les expériences et réinventions collectives et communautaires qui prolifèrent aujourd'hui, toutes ces positions portent la marque d'un pressentiment collectif qu'une véritable percée est en cours dans les « *systèmes d'engendrement*[9] » – même si elles expriment des désaccords sur ce que nous devons faire et avec qui nous devons apprendre à vivre afin d'assurer notre pérennité.

Mais que s'est-il passé pour que nous en soyons là ? Et, question encore plus cruciale : si les enjeux écologiques constituent aujourd'hui « *l'élément de synchronisation historico-politique de l'intérêt de tous les peuples du monde*[10] », est-il possible de constituer de nouvelles communautés – cette fois moins perverses et plus diverses, puisque sans prétention d'univocité et de totalité – qui permettent de restaurer un sol habitable pour notre existence ?

Une hypothèse de fiction politique

Dans un texte publié par la *Revue du Crieur* en 2019, Latour explique que *Où atterrir ?* est un livre de la même souche que son célèbre essai *Nous n'avons jamais été modernes*, publié en 1991. Empruntant des chemins différents, les deux ouvrages cherchent à sonder l'esprit de leur époque. Au moment de la publication du premier livre, le projet modernisateur qui, pendant tant d'années, semblait entraîner le monde entier par la force de sa prétendue évidence, se heurtait à un dur revers : précisément autour de la « *miraculeuse année 1989* », lorsque la fin du socialisme semblait indiquer que le capitalisme devenait le seul horizon possible, un grand mouvement géo-social commençait à se former, constituant ce que l'on pourrait appeler les premiers « gestes barrières » érigés contre la violence commise au nom de la mondialisation.

Ces oppositions s'inscrivent dans l'histoire longue des mouvements sociaux et écologiques, qui se sont renforcés tout au long du XXe siècle, et des luttes des peuples autres-que-modernes qui résistent à la colonisation de leurs corps et de leurs imaginaires. Mais la prise de conscience de la nécessité de lutter de concert contre les inégalités sociales et contre les dévastations environnementales, ce qui constitue un seul et même combat, ne remonte qu'à une trentaine d'années. La puissance de cette conjugaison a pu remettre en cause le cours prétendument non négociable de la modernité – bien que de façon temporaire, comme nous le verrons par la suite. C'est cette contestation qui aurait conduit les modernes à « *perdre confiance en eux* » et à se réorganiser en de nouvelles catégories : certains deviendront antimodernes, d'autres postmodernes (« suspendus entre la croyance et le doute »), tandis que d'autres s'obstineront à rester modernes[11]. C'est face à cette situation que Latour se demande : et s'ils n'avaient jamais été effectivement modernes ? Je me permets de changer le « *nous* », à qui cette question est adressée dans le titre de son essai, par « *eux* », de manière à signaler qu'à l'époque, les peuples qui ne se croyaient même pas modernes n'intéressaient guère l'auteur ; ou, du moins, ceux qui n'étaient pas modernes au sens où l'entendaient ceux qui leur imposaient la modernité par la force[12].

Tout, cependant, change à l'horizon présenté par *Où atterrir ?* Selon la fiction politique de l'auteur, si, voici trois décennies, nous sentîmes que les parenthèses de la modernisation commençaient à se fermer, c'est parce que nous avions commencé à réaliser, quoique de manière confuse, que les promesses de prospérité et d'émancipation qui animaient la mondialisation ne profiteraient jamais à tout le monde, pour la simple raison qu'« *il n'existe pas de monde pour [ses] projets cumulés de développement*[13] ». Il faut donc être clair sur l'événement qui a déplacé l'axe moderne des coordonnées, jusqu'alors organisé par les catégories nature et culture (ce qui, à son tour, a provoqué une autre division, entre « rétrogrades » et « progressistes ») : c'est l'irruption d'un nouvel acteur politique (ou attracteur) – Gaïa ou, comme Latour l'appelle dans ce livre, le « *Terrestre* » – qui établit pour de bon l'impasse entre moderniser et écologiser. Cette impasse elle-même doit être examinée si nous voulons comprendre quoi que ce soit à la politique actuellement pratiquée.

LA REMISE EN CAUSE DU PROJET MODERNISATEUR SIGNALAIT LA POSSIBILITÉ QUE LES MODERNES AJUSTENT ENFIN LEURS PRÉTENTIONS D'EXPANSION AUX LIMITES PLANÉTAIRE.

Lorsque les premiers signes de cette irruption sont apparus, on pouvait encore parler de « *crise écologique* » : la remise en cause du projet modernisateur signalait la possibilité que les modernes ajustent enfin leurs prétentions d'expansion aux limites planétaires[14], en sorte de finalement atterrir sur Terre de remplacer leur conception restreinte d'un système de production par une autre, plus réaliste, qui prendrait en considération les autres êtres dont nous dépendons pour exister et subsister. Ce n'est qu'en procédant ainsi que les rêves d'émancipation (un des aspects de ce que Latour appelle la « *mondialisation-plus* ») pourraient être ancrés dans la matérialité mondaine. Cela permettrait également aux modernes d'élargir leur cosmologie afin d'admettre une plus grande diversité d'êtres et de modes de vie que ne le permet la dichotomie nature/culture. La mondialisation pourrait alors devenir l'activité de cartographier les multiples trajectoires des systèmes d'engendrement ou, comme le propose Donna Haraway, de *worlding*[15] : c'est-à-dire les processus par lesquels les différents êtres se constituent les uns pour les autres comme conditions d'existence ou de disparition, tissant, dans ce mouvement commun, la réalité matérielle du monde.

Cependant, puisque beaucoup d'entre nous ne savaient pas reconnaître pleinement l'intrusion de cet « acteur politique de première grandeur[16] » – le confondant avec une Nature lointaine, considérée comme une simple concaténation de matière inerte qui, au mieux, devait être protégée –, le mouvement géo-social n'a pas pu extraire l'énergie adéquate de l'articulation entre les questions sociales et écologiques. S'il ne s'agit que d'un arrière-plan inanimé des actions humaines, la nature de l'écologisme ne peut faire face aux exigences de l'économie. C'est la croyance en cette fausse opposition entre le social et le naturel qui a empêché les mouvements écologiques et sociaux, même les mieux intentionnés, de se rendre compte que ce qu'ils prenaient pour un simple scénario commençait à réagir furieusement, exprimant les intentions non coordonnées d'innombrables agents dont le pouvoir avait jusqu'alors été négligé.

Le cas du Brésil est exemplaire si l'on veut observer non seulement la puissance de l'articulation des causes sociales et environnementales, mais aussi son affaiblissement ultérieur, résultant de l'incapacité à pousser plus loin cette articulation jusqu'à reconnaître la Terre comme un acteur politique. À la fin des années 1970, nous avons vu le Parti des travailleurs (PT) se constituer par la convergence de divers mouvements sociaux et par l'acceptation des revendications des peuples indigènes et des écologistes. Mais lorsqu'il est finalement arrivé au pouvoir, le choix de miser sur la primauté de l'économie afin de réduire la pauvreté sans trop déranger les élites s'est avéré, en fin de compte, inconciliable avec les revendications des mouvements écologiques et des peuples de la forêt qui se retrouvaient de plus en plus menacés par l'expansion continue des frontières agricoles et industrielles extractives. Cet imaginaire développementiste, qui a imprégné tous les spectres de la politique brésilienne durant le XXe siècle, a été repris aujourd'hui, avec Jair Bolsonaro à sa tête, sous la forme d'une politique encore plus meurtrière[17].

Mais si nous étions nombreux à ne pas reconnaître l'intrusion du Terrestre, c'est parce que certains groupes et individus, que Latour appelle les élites obscurantistes, avaient su parfaitement détecter la puissance de ce nouvel acteur, même s'ils le firent à l'inverse, par la négation et le refus. Selon le philosophe, c'est ce qui aurait transformé la mondialisation-plus en mondialisation-moins : ayant très bien compris le manque de matérialité du projet de modernisation, ces élites ont décidé de doubler la mise et de continuer à exploiter tout ce qu'elles pouvaient en vue d'assurer leurs privilèges à tout prix. Afin de soutenir cette décision, elles ont fait preuve d'un double cynisme. D'une part, elles ont jugé inutile de dissimuler l'horizon commun du progrès et ont lancé les déréglementations qui ont provoqué l'accroissement des inégalités ; d'autre part, elles ont financé à coup de milliards une campagne niant l'émergence climatique qu'elles savaient pourtant en cours. Grâce à cette résolution, la « *fenêtre d'opportunité* » de sortie de crise s'est fermée : nous sommes déjà entrés dans un monde inconnu, que nous devons, plus que jamais, apprendre à habiter.

NOUS SOMMES DÉJÀ ENTRÉS DANS UN MONDE INCONNU, QUE NOUS DEVONS, PLUS QUE JAMAIS, APPRENDRE À HABITER.

Lorsqu'on l'examine à la lumière des événements actuels, l'hypothèse de Latour devient difficile à réfuter. Comment expliquer autrement le fait que, au cours des trente années écoulées depuis que la cause anthropique du changement climatique mondial a été établie, les émissions de dioxyde de carbone ont été plus importantes

LES MOUVEMENTS D'EXTRÊME DROITE ONT OPÉRÉ UNE FUSION ENTRE LA FUITE EN AVANT VERS LA MONDIALISATION ET LA FUITE EN ARRIÈRE DES FRONTIÈRES DES ÉTATS NATIONAUX.

que pendant les presque deux siècles et demi qui ont précédé ? Comment comprendre que les accords, pourtant signés par presque tous les pays du monde, soient incapables d'atteindre leur but : enrayer la plus grande menace contre la vie sur Terre (pas seulement humaine) depuis des milliers, voire des millions d'années ? Comment juger les gouvernants qui, comme Trump, Bolsonaro et beaucoup d'autres, suppriment les mesures de protection environnementale et favorisent les projets économiques qui aggravent le changement climatique ? Tout cela, bien sûr, accompagné des démantèlements successifs des équipements de protection sociale, ce qui laisse la population encore plus démunie face aux catastrophes qui déjà se succèdent.

Même aujourd'hui, alors que les activités industrielles sont affectées par la pandémie, il n'y a aucune raison de se réjouir de la réduction des émissions prévues : les gaz à effet de serre déjà accumulés suffiront à provoquer un réchauffement sur des décennies, des siècles voire des millénaires. En outre, les émissions mondiales vont vraisemblablement remonter dès que la crise sanitaire sera passée, comme cela s'est produit après les crises précédentes. Cette augmentation sera favorisée par l'assouplissement de la législation et par les subventions accordées aux industries polluantes sous prétexte d'enrayer la récession économique provoquée par la crise sanitaire. Non moins étonnantes sont les clameurs appelant à la reprise immédiate de la production et à la mise en circulation interrompue par l'apparition de la maladie – même si cela coûte la vie de milliers, voire de millions de personnes – et l'adoption de mesures visant à contenir la pandémie par des moyens de surveillance et de contrôle très inquiétants.

Face à tant de suppressions de droits, à tant de preuves d'abandon et de mépris, face à tant de négationnisme, il fallait s'attendre à ce que les gens se sentent désemparés et effrayés, étant plus susceptibles d'accepter toute offre de sécurité et de protection – aussi fallacieuse soit-elle. C'est cette situation, d'après Latour, qui explique des phénomènes tels que le trumpisme, le Brexit et, pourrait-on ajouter, le bolsonarisme. Sous le Nouveau Régime Climatique – qui, plus qu'une condition météorologique, consiste en un nouvel ordre politique – les trois positions d'antagonisme, d'indécision et d'insistance dans lesquelles le projet de modernisation avait été subdivisé ont été recombinées de manière quelque peu inattendue. Les mouvements d'extrême droite semblent avoir opéré une fusion entre la *fuite en avant* vers la mondialisation, qui était la marque de la modernité, et la *fuite en arrière* des frontières des

États nationaux (l'identitarisme antimoderne), alimentant en même temps une fausse controverse climatique afin de confondre l'opinion publique (exploitant le malentendu entourant la notion postmoderne de « relativisme »).

Il ne faut pas blâmer ceux qui ont cru à cette promesse : au contraire, ce sont eux qu'il faut convaincre de découvrir enfin dans le Terrestre un territoire durable ; car, aussi blessée soit-elle, ce n'est que là, sur cette Terre, que nous pouvons atterrir. En empruntant une autre image très présente dans l'œuvre de Latour, nous devons reconnaître que nous sommes au milieu d'une *guerre des mondes*, menée entre ceux qui cherchent à rencontrer le monde et ceux – particulièrement nombreux au sein des élites politiques et économiques – qui veulent se réfugier en dehors, laissant le prix du « *retour de la Terre*[18] » à la charge de tous les autres. Le fait que les élites aient identifié plus rapidement le nouveau pouvoir politique qui régit l'Anthropocène – alors que tant de monde confondait encore le Terrestre avec une Nature à protéger – leur a permis de prendre l'avantage dans ce combat.

Mais la guerre est loin d'être terminée, et Latour compte sur la puissance qui peut être libérée par la constitution d'un peuple Terrestre, attaché à la Terre (*Earthbound*) et par elle ensorcelé[19]. À cette fin, il faudra savoir reconnaître les innombrables autres êtres indispensables à notre survie : « *Exister comme peuple et pouvoir décrire ses terrains de vie, c'est une seule et même chose*[20]. » Le temps est donc venu de reprendre le mouvement géo-social sur d'autres bases.

Politique et science du Terrestre

Certains ont peut-être remarqué que le lexique de Latour emprunte plus volontiers à la terminologie de la « gauche » que naguère. Cette évolution est perceptible dans *Où atterrir ?*. D'une part, cela est sans doute dû à l'inquiétude suscitée par les événements récents examinés dans cet ouvrage, qui vont à l'encontre de l'action politique nécessaire afin de réduire les effets de la panne écologique et les inégalités sociales qu'elle a accentuées. D'autre part, c'est également dû à son admiration de la puissance des mouvements qu'il identifie comme étant résolument géo-sociaux, telles les ZAD (*zones à défendre*) et les manifestations pour le climat – il prétend avoir une fascination particulière envers Greta Thunberg et le collectif Extinction Rebellion[21] – au-delà, bien sûr, des peuples qui n'ont jamais été modernes, ceux-là même auxquels Latour n'accordait pas tant d'attention il y a trente ans, mais vers lesquels nous sommes aujourd'hui si nombreux à nous tourner afin d'apprendre à résister et à survivre au retrait de notre sol[22].

On peut également attribuer ce changement de tonalité à l'influence qu'ont exercée sur lui certains de ses nombreux interlocuteurs, tels qu'Isabelle Stengers, Donna Haraway, Eduardo Viveiros de Castro, Déborah Danowski, Dipesh Chakrabarty, Émilie Hache et Patrice Maniglier. Mais ce qui semble avoir le plus fortement contribué à ce tournant, outre la publication de l'encyclique *Laudato si* en 2015, c'est l'œuvre du philosophe Pierre Charbonnier, dont l'enquête sur la relation entre le progrès social et l'abondance matérielle qui avait animé l'entreprise modernisatrice semble avoir servi de base à l'élaboration du concept de géo-social développé dans le livre. Aux premières pages de *Où atterrir ?*, Latour regrette que les commentateurs politiques n'aient pas exploré le lien entre les trois phénomènes qui sous-tendent son hypothèse centrale (déréglementation, explosion des inégalités et négationnisme). De même, nous pouvons affirmer que, comme Latour le reconnaît lui-même, avant d'être influencée par Charbonnier, sa conception de la politique a gaspillé un immense potentiel pour établir une « *continuité entre les luttes passées et les luttes à venir*[23] ».

Cette continuité se construit, par exemple, à travers la tentative d'offrir, en échange de l'idée d'un « *système de production* » – au moyen de laquelle Marx a décrit le fonctionnement du capitalisme –, la notion de « *système d'engendrement* », grâce à laquelle Latour entend montrer qu'un matérialisme ancré dans la division nature/culture manque de matérialité. Le lien entre les questions sociales et environnementales est également opéré à travers son interprétation du concept de zones critiques, qu'il a emprunté aux sciences de la terre, comme zones à défendre, inspirée par les zadistes. Si une guerre des mondes est en cours[24], c'est en raison du profond désaccord entre ceux qui projettent sur Terre l'image d'un globe fini – que ce soit celui de la mondialisation capitaliste prétendument irréversible ou celui d'une nature prévisible et stable – et ceux d'après lesquels toute possibilité de vie est concentrée dans une « *minuscule zone de quelques kilomètres d'épaisseur entre l'atmosphère et les roches mères*[25] ». Si la zone critique – une expression qui, avec Latour, devient l'un des mille noms de Gaïa[26] – est l'espace où le climat et la vie ont évolué ensemble, alors cet espace, plus qu'un scénario, « *est l'enfant du temps* ». C'est ainsi que la constitution mutuelle entre les êtres et le sol est clarifiée : la zone critique « *s'étend aussi loin que nous ; nous durons autant que ceux qui nous font respirer*[27] ».

LA ZONE CRITIQUE « *EST L'ENFANT DU TEMPS* ».

Et ces zones critiques sont d'autant plus sensibles qu'elles suscitent des conflits et des désaccords sur la manière de les occuper. Le changement de conception de la politique nécessaire afin de mieux se positionner dans ces litiges doit être suivi d'un changement de ce que nous entendons par la *science*. Alors que la Terre était considérée comme une totalité stable et finie, ce que Latour appelle les « *sciences de la nature-univers* » – qui traitent des phénomènes se déroulant en dehors de la zone critique – incarnait le modèle exemplaire de la pratique scientifique, avec son « épistémologie quelque peu hautaine et désintéressée[28] » envers ce qui se passe dans le monde vu de l'intérieur. Mais sous le Nouveau Régime Climatique, aucune connaissance, aucune écologie n'est à l'abri d'une contestation ; le négationnisme n'est que l'illustration la plus perverse de cette affirmation. Si elles veulent poursuivre l'étude des métamorphoses et des enchevêtrements qui constituent les zones critiques, les sciences de la nature-processus savent qu'elles ne peuvent pas échapper à des controverses. Parallèlement à la « *repolitisation de l'appartenance à un sol*[29] », la repolitisation ou, plus précisément, l'explicitation du caractère politique de la pratique scientifique.

Mais aussi la repolitisation de l'écologie : atterrir demande de pouvoir reconnaître les êtres dont nous dépendons – ce qui implique de sélectionner, de tracer les territoires qui nous relient à certains êtres, mais jamais à tous. Comme le dit Donna Haraway, « *personne ne vit partout ; tout le monde vit quelque part. Rien n'est lié à tout, tout est lié à quelque chose*[30] ». Aux yeux de Latour, les rêves d'une harmonie universelle entre les êtres, cultivés par certains courants écologistes, sont des abstractions dépolitisantes car ils entendent dispenser leurs partisans de la tâche difficile mais nécessaire de découvrir combien nous sommes, avec qui nous existons et quels moyens de subsistance nous pouvons utiliser[31]. Cartographier ce réseau revient à tracer notre terrain de vie, notre propre façon d'être *Earthbound*[32], et c'est exactement cette délimitation territoriale que Latour appelle cosmologie.

ATTERRIR DEMANDE DE POUVOIR RECONNAÎTRE LES ÊTRES DONT NOUS DÉPENDONS.

L'utilisation du mot « *réseau* » dans la phrase précédente ne surprendra pas ceux qui sont familiarisés avec l'œuvre de Latour. La métaphysique qui soutient la proposition politique présentée dans *Où atterrir ?* tient beaucoup à la théorie de l'acteur-réseau et à la méthodologie qui en découle, développée par l'auteur et ses collègues des *science and technology studies*. Selon Latour, la réalité est le résultat plus ou moins stabilisé d'associations entre agents humains et non humains ; de sorte que si l'on veut étudier comment cette réalité se forme et se maintient, il est nécessaire d'examiner les diverses façons dont des êtres hétérogènes constituent un même réseau, un même écosystème. Le matérialisme latourien est profondément ancré dans un pluralisme ontologique, ce qui explique son désintérêt envers les explications prétendument totalisantes. De ce point de vue, tout ce qui existe doit agir sur d'autres êtres afin de continuer à exister, et ce n'est qu'en suivant cette succession ou ce chevauchement d'*agencies* que la réalité peut être connue et décrite. Admettre tous les existants comme acteurs, identifier leurs propres manières d'« *accrocher ensemble les autres éléments qui composent, à un moment donné, le collectif*[33] », et les décrire : on reconnaît ici la méthodologie proposée par Latour en vue de définir un terrain de vie.

C'est précisément à l'originalité et à la pertinence de sa description du système de production que Latour, à la suite de Charbonnier, attribue le grand mérite de Marx : celui-ci aurait pu traduire le capitalisme industriel naissant en termes permettant non seulement de constituer un peuple (la classe ouvrière), mais aussi de déterminer ce qui lui était nécessaire afin de subsister. Cependant, si une telle description conçoit la subsistance comme la simple extraction et transformation des ressources naturelles au profit des humains, si elle amène à croire que la Nature est un espace formé par la simple concaténation des causes et conséquences dictées par des lois universelles, si elle envisage le monde comme une physicalité qui « est là » tout simplement, c'est que le matérialisme moderne était profondément redevable au concept de « matière » établi au XVIIe siècle. Il s'agissait donc d'un naturalisme d'inspiration créationniste[34] ; comme si, une fois engendrés, les êtres du « monde naturel » n'avaient pas besoin de se transformer pour subsister ou ne pouvaient pas cesser d'exister.

Et puisque nous entrons sur le terrain de la religion – ou, plus précisément, de la contre-religion, comme le dit l'historien Jan Assmann à propos de l'opposition entre le vrai et le faux établie par les religions monothéistes – notons que selon Latour, c'est une modulation de cette opposition, qu'il qualifie de fondamentaliste, qui fait ressortir le caractère particulier de la laïcité moderne. Aussi bien dans la science que dans la politique pratiquée dans la modernité, l'auteur dit qu'il est possible de reconnaître une pensée qui « *donne tout aux causes et rien aux conséquences*[35] ». En ce qui concerne plus particulièrement la conception de la Nature, le mépris des modernes des médiations et des transformations qui tissent la matérialité du monde fait de leur matérialisme un nihilisme et ouvre la voie au négationnisme climatique. Convaincus que la Nature est donnée une fois pour toutes, les ci-devant modernes ne peuvent admettre que ce qu'ils considéraient comme un simple scénario de leurs actions effectivement agisse et réponde. C'est pourquoi, au lieu d'un désaccord avec l'épistémologie moderne, Latour voit le négationnisme comme son héritier légitime : la menace d'un effondrement du climat ne produit pas une grande mobilisation car prévaut la certitude que le monde naturel n'est rien d'autre que de la matière inerte.

C'est pour sauver l'historicité du monde de ce réductionnisme nihiliste que Latour dit qu'« *il faut à la fois étendre et limiter l'extension des sciences positives*[36] » : les étendre afin qu'elles deviennent définitivement les sciences de la nature-processus, en devenant capables d'enregistrer les mouvements terrestres des agents non humains ; mais limiter leur prétention à dévoiler définitivement les dynamiques qui forment et transforment le monde, de manière à ne pas restreindre la liberté de mouvement des êtres qui participent à ces dynamiques, afin de ne pas prétendre connaître à l'avance les agitations et les possibilités de transformation que cette Terre renferme.

C'est aussi pour cette raison que Latour n'attribue pas l'« indifférence aux faits » dont font preuve les électeurs de Trump (et de Bolsonaro) à la supposée bêtise de ceux qui croient aux fausses controverses. Le problème à la base du négationnisme n'est pas l'incapacité de distinguer le vrai du faux (problème qui serait résolu par la pédagogie), mais plutôt la peur suscitée par la possibilité de perdre le monde,

LA MENACE D'UN EFFONDREMENT DU CLIMAT NE PRODUIT PAS UNE GRANDE MOBILISATION CAR PRÉVAUT LA CERTITUDE QUE LE MONDE NATUREL N'EST RIEN D'AUTRE QUE DE LA MATIÈRE INERTE.

ajoutée à l'étourdissement causé par la trahison de ceux qui ont décidé de se réfugier en dehors de celui-ci. Lorsque le sol commun (au sens matériel et figuré) est menacé, c'est la condition même de possibilité de la politique que nous risquons de perdre ; c'est pourquoi, comme nous l'avons vu, Latour soutient que la politique post-vérité est en fait une politique post-politique. La recomposition d'un sol commun, en ce sens, implique également la capacité à comprendre les raisons qui poussent les gens à se réfugier dans le négationnisme, ainsi que la création d'opportunités en vue d'établir des alliances avec ceux qui ont été abandonnés par la mondialisation.

Si c'est par la recherche et la description des médiations que nous pouvons récupérer le monde, c'est aussi parce que cette activité contribue à rendre la menace moins abstraite et plus palpable. Tout comme nous devons identifier les composantes des systèmes de production qui forment nos territoires de vie, Latour nous invite à profiter du freinage inattendu causé par la pandémie afin d'examiner chaque aspect du système de production dans le but d'identifier ceux qui mettent l'autre système en danger, celui-ci étant crucial pour notre subsistance. La symétrie du geste est indéniable : plus nous nous engageons comme agents de la *mondification*, plus nous devenons des *interrupteurs de la mondialisation*[37] ; à la libération des flux d'engendrement du monde correspondent les « gestes barrières » contre les processus qui menacent ces flux.

Le Brésil va-t-il atterrir ?

Après nous avoir engagés dans l'inventaire des modes d'existence Terrestres, Latour décide de se présenter. Conformément à l'idée que c'est par la description que l'on peut faire exister un peuple, il commence à esquisser les contours du territoire où il veut débarquer : l'Europe. Mais, explique-t-il, ce n'est pas le simple visage administratif et bureaucratique du continent, l'« *Europa-Bruxelles* » : son Europe est à la fois « *métaphysique, anthropologique, espace commun [et] culture commune* ». Non pas que cette distinction ait toujours été claire pour lui ; il y a dix ans, explique-t-il, cela ne lui serait pas venu à l'esprit[38]. Mais dans le contexte géopolitique actuel, avec les États-Unis, la Chine, la Russie, le Brésil et tant d'autres nations tournant le dos au reste du monde, il mise sur la vocation *cosmopolite* de la région – attestée par son esprit pionnier et son intérêt envers la création de dispositifs visant à établir une communalité supranationale – afin de la transformer en une expérience *cosmopolitique*[39] dirigée vers les innombrables migrants humains et non humains de cette Terre en mutation.

SELON LATOUR, L'EUROPE AURAIT ENFIN COMPRIS QU'ELLE DOIT SE *PROVINCIALISER*.

L'auteur affirme également qu'après toute la violence engendrée par la poussée modernisatrice, après tant de ravages causés par son ardeur à atteindre le global sans passer par le local, l'Europe aurait enfin compris qu'elle doit se *provincialiser*, abandonnant ainsi les illusions d'empire qui nourrissent encore les rêves de certains autres peuples. Cependant, provincialiser ne signifie pas s'abstenir de toute responsabilité des erreurs du passé et des répercussions de ces erreurs sur le présent et l'avenir. Si ce fut l'Europe qui inventa les dispositifs d'extermination qui sont la marque du projet colonisateur – jadis tourné vers les « autres », mais qui se retourne maintenant contre tous ceux qui, nous le proposons symboliquement, composent les 99 % des êtres vivants sur Terre –, l'auteur exige alors qu'elle trouve maintenant la «*finesse de désinventer*», comme l'a dit Chico Buarque[40], les connexions perverses par lesquelles elle a cherché à construire le commun.

Nous n'avons pas besoin, bien sûr, d'être d'accord avec ce choix de Latour. Il y a de quoi s'indigner lorsqu'il affirme, par exemple, que le crime le plus important commis par l'Europe – la dévastation ontologique et épistémologique entreprise au nom de la civilisation – est également un de ses atouts[41]. Dans son enthousiasme à réinventer son territoire, le philosophe a fini par négliger un point névralgique dans la relation de l'Europe avec les mondes extra-modernes, erreur qui pourrait mettre en péril les négociations diplomatiques essentielles à la composition du collectif géo-social. Nous pouvons comprendre cette imprudence comme un signe selon lequel il n'y a rien à négocier, que sa proposition n'a rien à offrir, ni à nous, qui assimilons à notre manière la modernisation qui nous a été imposée, ni à ceux qui refusent catégoriquement de se moderniser. On peut même se positionner, en adaptant le slogan des zadistes de Notre-Dame-des-Landes, contre l'Europe et son monde ; en ce sens, il n'est pas difficile de voir à quel point la conception latourienne de la politique présente des traits beaucoup trop « occidentaux » (comme en témoigne sa prédilection envers des termes tels que parlement, civilisation à venir, république, démocratie, constitution, etc.), ce qui peut être pris comme un signe de sa réticence à penser la politique par d'autres moyens.

Cependant, nous pourrions peut-être comprendre cette position comme cohérente avec la métaphysique affirmative et inclusive professée par son auteur, plus intéressé par des descriptions précises des processus du monde que par des condamnations péremptoires. Sa confiance dans le pouvoir transformateur des descriptions est à la base de son matérialisme pluraliste, car ce n'est qu'en suivant et en enregistrant les médiations qui forment la réalité que nous pouvons la connaître et la modifier. En reliant les gens et la terre, ces descriptions protègent la politique des histoires finies (utopiques ou dystopiques) sur le monde ; suivant l'expression qui donne son titre à l'un des derniers livres de Haraway[42], elles nous aident à vivre avec le trouble d'hériter de cette Terre blessée. C'est peut-être cette « *croyance dans le monde*[43] », exprimée par une expérimentation sans relâche, qui explique pourquoi tant de gens voient en Latour un allié politique, même si leurs positions ne coïncident pas entièrement avec les siennes. Le succès même de *Où atterrir ?* démontre la volonté de l'auteur de s'allier à de nouvelles idées, pratiques et collectifs.

Latour voit l'Europe comme un possible terrain d'atterrissage, mais il faut reconnaître que son désir est que l'Europe puisse enfin offrir un foyer à ceux qui y ont recours, en négociant la coexistence entre les agents humains et non humains en codépendance terrestre. Nous n'avons pas besoin que l'Europe soit notre territoire ni qu'elle serve de modèle de plan d'atterrissage. Mais nous pouvons nous servir des propositions de Latour afin d'inventer nos propres façons de décrire, de disputer et de négocier notre appartenance à un terroir.

Car la capacité de négocier peut s'avérer nécessaire si notre terrain de vie coïncide d'une manière ou d'une autre avec le Brésil – que ce soit dans l'ordre géographique, métaphysique, culturel, politique ou autre. Les dangers découlant de la fuite des élites hors du monde ne cessent de s'accumuler ici aussi : en adaptant une phrase célèbre d'Eduardo Viveiros de Castro, on peut dire qu'au Brésil, ceux qui ne sont pas des Indiens (ou des Terrestres) sont ceux qui se croient modernes – même s'ils ne l'ont jamais été[44]. Le fait est que maintenant, à l'Anthropocène et face aux catastrophes écologiques et sanitaires qui commencent déjà à se produire, tout le monde devient d'une certaine manière Indien – même ceux qui ne l'étaient pas[45].

Comme le diagnostiquait à juste titre Achille Mbembe en avril 2020, la pandémie de Covid-19 démontre brutalement à quel point la vie sur Terre est de moins en moins respirable[46]. Son diagnostic s'est avéré encore plus précis lorsque, quelques semaines après la sortie de son article, tant de personnes sont descendues dans les rues crier *I can't breathe* lors des manifestations antiracistes qui ont gagné le monde entier, même en pleine crise sanitaire. La nouvelle communauté capable de réunir les Terrestres, de cette manière, est fondée sur la revendication du droit universel à respirer. Ce ne fut que pendant un bref moment de remise en question de l'ordre productiviste, il y a trente ans, qu'un puissant mouvement géo-social commença à prendre forme ; ne gâchons pas cette nouvelle opportunité.

1. B. Latour, *Où atterrir ?*, La Découverte, Paris, 2017, p. 53.
2. B. Cassin, *Quand dire, c'est vraiment faire*, Fayard, Paris, 2018, p. 236.
3. B. Latour, *Où atterrir ?*, *op. cit.*, p. 58.
4. *Onde aterrar ? Como se orientar politicamente no Antropoceno*, Bazar do Tempo, Rio de Janeiro, 2020.
5. Au Brésil, nous avons assisté au *black-out* du nombre de morts et de personnes infectées par la pandémie, à la stimulation du retour à la « vie normale » pendant le pic de la contamination, au négationnisme scientifique, à la crise économique qui a plongé beaucoup de gens dans la misère, à l'invasion des terres indigènes, à l'augmentation de la déforestation et aux suppressions successives des droits sociaux – la liste des destructions s'allonge chaque jour.
6. B. Latour, *Où atterrir ?*, *op. cit.*, p. 20.
7. B. Latour, *Où atterrir ?*, *op. cit.*, p. 19.
8. Je rappelle ici la notion d'« *histoire universelle négative* » mentionnée par D. Chakrabarty *in* « The climate of history : four theses », *Critical Inquiry*, n° 35, 2008, p. 197-222.
9. B. Latour, *Où atterrir ?*, *op. cit.*, chap. 18. Je reviendrai sur ce concept dans un moment.
10. D. Danowski et E. Viveiros de Castro, « L'arrêt de monde », *in* É. Hache (dir.), *De l'univers clos au monde infini*, Éditions Dehors, Arles, 2014, p. 308.
11. B. Latour, *Nous n'avons jamais été modernes. Essai d'anthropologie symétrique*, La Découverte, Paris,

coll. « Poche/SHS », 1997, p. 18-19.

12. Pour simplifier, j'appellerai modernes les peuples dont la cosmologie se définit par la séparation des êtres en naturels et culturels.

13. B. Latour, *Où atterrir ?*, *op. cit.*, p. 107.

14. J. Rockström *et al.*, « A safe operating space for humanity », *Nature*, n° 461, p. 472-475, 24 septembre 2009.

15. D. Haraway, *Staying With the Trouble. Making Kin in the Chthulhucene*, Duke University Press, Durham/Londres, 2016.

16. B. Latour, *Où atterrir ?*, *op. cit.*, p. 74.

17. Pour une brève reconstitution de cette histoire, voir R. Nunes et A. Costa, « From Tuíra to the Amazon fires : the imagery and imaginary of extractivism in Brazil », *in* T. J. Demos, E. E. Scott et S. Banerjee (dir.), *The Routledge Companion to Contemporary Art, Visual Culture, and Climate Change*, Routledge, Londres, 2021.

18. B. Latour, *Où atterrir ?*, *op. cit.*, p. 29.

19. D. Danowski et E. Viveiros de Castro, « L'arrêt de monde », art. cit., p. 308.

20. B. Latour, *Où atterrir ?*, *op. cit.*, p. 123.

21. Dans la *Revue du Crieur*, Latour explique : « *Mais ce que je trouve formidable, ce sont les membres d'Extinction Rebellion, les "rebelles contre l'extinction" ? Comment dire le plus directement possible qu'on refuse de disparaître ? J'ai été très touché de voir, dans les manifestations des élèves en grève [pour le climat…], des pancartes qui presque toutes portaient sur l'impossibilité de durer, de se perpétuer, et pas simplement les humains, mais les choses de la terre, les glaciers, les forêts et bien sûr les animaux* » (C. Miranda, « Troubles dans l'engendrement », art. cit., p. 66).

22. Bien que Latour ait toujours manifesté un grand intérêt pour les travaux d'anthropologues tels qu'Eduardo Viveiros de Castro et Philippe Descola, je crois que c'est surtout de l'article « L'arrêt de monde » qu'il a tiré l'idée que les peuples indigènes jouent un rôle fondamental dans les luttes écologiques, en plus d'autres concepts qu'il explore depuis lors, comme celui du « *manque de terre* ». S'il subsiste encore le moindre doute sur l'importance de ces peuples dans la nouvelle carte géopolitique de l'auteur, il suffit de consulter l'article intitulé « "We don't seem to live on the same planet." A fictional planetarium », *in* K. B. Hiesinger et M. Millar (dir.), *Designs for Different Futures*, Yale University Press, New Haven, 2019, p. 193-199).

23. B. Latour, *Où atterrir ?*, *op. cit.*, p. 67.

24. B. Latour, *Face à Gaïa. Huit conférences sur le Nouveau Régime Climatique*, La Découverte/ Les empêcheurs de penser en rond, Paris, 2015.

25. B. Latour, *Où atterrir ?*, *op. cit.*, p. 101.

26. Référence au colloque international « The thousand names of Gaïa : from the Anthropocene to the Age of the Earth », qui s'est tenu à Rio de Janeiro en 2014 (<https://thethousandnamesofgaia.wordpress.com/>).

27. B. Latour, *Face à Gaïa*, *op. cit.*, p. 141-142.

28. B. Latour, *Où atterrir ?*, *op. cit.*, p. 103.

29. *Ibid.*, p. 72.

30. D. Haraway, *Staying With the Trouble*, *op. cit.*, p. 31, ma traduction. L'ouvrage a été publié en français sous le titre *Vivre avec le trouble* (Mondes à Faire, Paris, 2020).

31. L. Eymard et T. Dupuy, « Atterrir en Europe, une conversation avec Bruno Latour », entretien avec Bruno Latour, *Le Grand Continent*, 30 janvier 2019.

32. En ce sens, il convient de préciser que « zone critique », au singulier, est l'un des noms de Gaïa, tandis que « zones critiques », au pluriel, renvoie aux différentes façons dont s'exprime notre appartenance à la Terre. La relation entre les expressions au pluriel et au singulier, ainsi qu'entre le territoire et la Terre, porte des similitudes avec le sens que ces derniers termes ont dans la philosophie deleuzienne.

33. B. Latour, « Imaginer les gestes barrières contre le retour à la production d'avant-crise », *AOC*, 29 mars 2020.

34. B. Latour, *Face à Gaïa*, *op. cit.*, p. 96.

35. *Ibid.*, p. 95.

36. B. Latour, *Où atterrir ?*, *op. cit.*, p. 100.

37. B. Latour, « Imaginer les gestes barrières contre le retour à la production d'avant-crise », art. cit.

38. L. Eymard et T. Dupuy, « Atterrir en Europe », art. cit.

39. Concept d'Isabelle Stengers. Voir surtout *Cosmopolitiques*, livres I et II, La Découverte, Paris, 2003.

40. Dans sa célèbre chanson *Apesar de você*, composée en réponse ironique à la violente répression entreprise par le régime dictatorial qui a régné au Brésil de 1964 à 1985.

41. B. Latour, *Où atterrir ?*, *op. cit.*, p. 129.

42. D. Haraway, *Staying With the Trouble*, *op. cit.*

43. G. Deleuze, *Pourparlers*, Éditions de Minuit, Paris, 1990, p. 239.

44. La phrase originale est la suivante : « Au Brésil, tout le monde est indien, sauf ceux qui ne le sont pas. » Voir B. Ricardo et F. Ricardo, *Povos indígenas do Brasil : 2001-2005*, entretien avec Eduardo Viveiros de Castro, Instituto Socioambiental, São Paulo, 2016, p. 41-49.

45. E. Viveiros de Castro, dans un tweet du 6 avril 2020.

46. A. Mbembe, « Le droit universel à la respiration », *AOC*, 6 avril 2020.

2020,
ANNÉE DE LA BANDE DÉCIMÉE

La BD va bien,
les bédéistes vont mal

PAR **Anne-Laure PINEAU**

2020 devait être l'année de la bande dessinée. Une année durant laquelle le 9e art serait à l'honneur, après que l'étude commandée par le ministre de la Culture sur « L'auteur et l'acte de création », dite rapport Racine, avait levé le voile sur la précarité grandissante des acteurs et actrices de la BD. Mais en lieu et place de lauriers institutionnels, l'année de la BD fut couronnée de fausses promesses et d'un abandon politique d'autant plus marqué que les bédéistes ont également dû faire face à la crise du Covid-19. Un constat morose qui pousse certains et certaines à ne compter plus que sur eux-mêmes et à tourner le dos aux grandes structures du secteur.

Dans le salon de Lisa Mandel, la lumière de Marseille inonde presque continuellement un mur-bibliothèque-cabinet de curiosité. On y trouve des BD de toutes sortes, des ouvrages publiés par des maisons indépendantes totalement *undergrounds* aux romans graphiques que tout le monde a lus, des albums devenus patrimoniaux aux fanzines les plus recherchés par les *aficionados*. Parmi les livres sont disséminés des souvenirs ramenés des quatre coins du monde. Des bibelots mexicains, qu'elle aurait pu croquer pour son ancien blog Libre comme un poney sauvage et dont les meilleurs *strips* ont depuis été adaptés en un album paru dans la collection « Shampooing » des éditions Delcourt. D'autres petits objets viennent du Liban, où elle a vécu et conçu des chroniques parues dans la matinale du *Monde*, puis réunies dans un album, toujours chez Delcourt. On trouve également, dans la salle de bains adjacente, un buste de Zidane, mais ça, c'est une autre histoire. Quoique, la dessinatrice n'a pas peur de mettre des coups de tête quand la moutarde lui monte au nez.

Lisa Mandel est l'une de ces autrices de bande dessinée qui, sans rouler sur l'or, vit uniquement de sa plume et de son esprit sarcastique. Une rareté dans un secteur où 71 % des créateurs et créatrices doivent cumuler les jobs en vue de percevoir un revenu décent. En 2015, à l'occasion d'une séance de dédicace de son album *Super Rainbow*, elle se plaisait à nous dire que pour chaque exemplaire vendu seize euros, seul un euro cinquante cents lui tombait dans la poche. « *Même pas le prix d'un café parisien* », nous disait-elle. Sur la table du bar où nous nous étions retrouvées, elle avait alors dessiné le fameux « *camembert de l'édition* » : 8 % aux auteurs et autrices, 8 % à la diffusion, 15 % à la fabrication, 12 % à la distribution, 21 % à l'édition et 36 % au ou à la libraire.

C'est au regard de ce partage qu'elle juge déséquilibré que Lisa Mandel, après avoir animé un premier blog qui la fit connaître, publié une douzaine d'albums dans diverses maisons d'éditions (Glénat, Milan, Delcourt, Gallimard, L'Association), codirigé une collection de BD sociologique chez Casterman (« Sociorama ») et prépublié ses derniers ouvrages sur Internet *via* son blog sur le site du *Monde* et ses comptes Instagram et Facebook, a décidé d'opérer un grand virage en 2019. « *Le secteur s'est trop longtemps reposé sur la précarité des artisans de la BD, qui se trouvent tout en bas de la chaîne alimentaire* », tempête-t-elle. Son projet : le défi d'une « *année exemplaire* » documentée quotidiennement sur les réseaux sociaux, avec à la clef un ouvrage en autoédition financé par les fans.

« Mon expérience de l'autoédition a surtout rappelé la force du collectif »

Son appel à préventes, lancé sur la plateforme Ulule, a fait un tabac : près de cinq cents contributeurs et contributrices ont mis la main au portefeuille et l'enveloppe finale a dépassé les seize mille euros. « *J'avais envie de contrôler la chaîne du livre et c'est ce que j'ai fait avec cet ouvrage pas trop radical, assez* mainstream, *mais que j'aime tendrement parce que je l'ai porté de A à Z. J'ai aimé diversifier mon activité : au lieu de passer la journée à me prendre la tête sur un gag, j'ai appris mille choses.* » La dessinatrice, qui travaille dans un atelier près de la gare Saint-Charles, n'a pas cependant donné naissance à son livre en restant totalement isolée : « *Je me suis rendu compte que "autoédition" ça ne voulait pas forcément dire "toute seule" : j'ai été aidée par des ami·e·s éditeurs et éditrices, une correctrice orthographique, une graphiste pour la maquette… À l'arrivée c'est une équipe entière qui a produit ma BD, même si je suis restée au centre de la production. Mon expérience de l'autoédition a surtout rappelé la force du collectif. Du coup, je me suis dit : pour-*

LA CAMPAGNE ULULE D'EXEMPLAIRE A RECUEILLI EN QUELQUES SEMAINES PLUS DE CENT MILLE EUROS.

quoi ne pas faire de cette réussite individuelle une réussite collective, en créant une structure où on pourra mutualiser les coûts, les frais de livraison, les experts-comptables, les partenariats avec les librairies, les vendeurs d'enveloppes, la personne qui gère les retours… ?»

Voilà comment les premières pierres d'Exemplaire, structure novatrice entre édition et autoédition, ont été posées. Rapidement concrétisée avec l'aide de l'ingénieur informatique Antoine Vittecoq, cette «*structure éditoriale alternative propose une répartition plus juste des revenus pour les autrices et auteurs*», comme la décrit la campagne Ulule lancée en novembre et qui, en quelques semaines seulement, a recueilli la coquette somme de cent un mille trois cent cinquante euros, soit plus de cinq fois l'objectif initial. Portée par l'envie de mutualiser les expériences des professionnel·le·s de la BD, Exemplaire promet, sur le papier, une pratique éditoriale plus responsable avec une production maîtrisée des tirages et des stocks (afin d'éviter le pilon), une meilleure répartition des droits, une clause d'exclusivité maximale d'une seule réimpression ou de deux ans (au lieu de dix chez les éditeurs classiques). Une fois son projet accepté par le comité éditorial d'Exemplaire et validé par une campagne de *crowdfunding* publiée sur le site, l'auteur ou l'autrice pourra déléguer certaines tâches à d'autres indépendant·e·s convaincu·e·s par le projet. Une façon de renverser la tendance. En choisissant de prendre en charge certaines étapes traditionnellement dévolues à des intermédiaires (une maison d'édition gère normalement choix et travail éditorial, maquette, lettrage, scan et nettoyage, distribution, stockage et communication), les droits des auteurs et autrices pourraient être quadruplés, promet la campagne. Elle a séduit une dizaine d'entre eux, dont les projets devraient commencer à paraître cette année.

Charles Berberian, Lucile Gomez, Pochep, Anouk Ricard, Garage Deloffre, Théo Grosjean, Marc Dubuisson, Aurélien Fernandez, Guillaume Long, Soulcié… Tous et toutes jouissent déjà d'une grande visibilité, notamment sur les réseaux sociaux. Une bonne raison de faire confiance au *crowdfunding*. Philippe Pochep n'a pas hésité à rejoindre l'aventure : le collectif entre bédéistes indépendant·e·s, il connaît, lui qui partage son atelier parisien, proche de la gare de Lyon, avec Bastien Vivès et Marion Montaigne. Le dessinateur a commencé sa carrière en 2008, « *en passant par la grande vague des blogs BD* » et en publiant dans la presse (*Topo*, *La Revue dessinée*, *Fluide glacial*). D'abord employé à la Bibliothèque nationale de France, il a quitté la fonction publique en 2018, signant là un pacte avec le diable : « *En devenant dessinateur à temps plein, j'avais compris que je m'étais mis dans une situation délicate… d'où mon envie de mutualiser les forces.* »

L'autoédition, entre besoin de liberté et situation de repli

L'initiative de Lisa Mandel semble assez novatrice dans son *modus operandi*. Mais d'une certaine manière, elle ne fait que suivre une lente révolution à l'œuvre depuis plusieurs années dans le monde de la BD. Quand dans ses *strips* Lisa Mandel invoque l'esprit de Claire Bretécher, ce n'est pas un hasard : la mère des bien nommés *Frustrés* a travaillé trente ans sous le modèle de l'autoédition. Dans son formidable atelier de Montmartre perché au-dessus des toits de Paris et jonché de pinceaux et de toiles, la madone aux yeux bleus croquait ainsi en toute liberté la vie des autres, après avoir décidé de ne plus soumettre ses projets aux maisons d'édition. « *J'avais envie qu'on me foute la paix. Ça demande beaucoup d'énergie, mais on gagne plus d'argent. Et puis les éditeurs sont tellement paternalistes* », avait-elle confié à *Libération*.

L'autoédition comme gage de liberté éditoriale est dans l'ADN des structures indépendantes : L'Association, Les Requins Marteaux, Cornelius, bien des maisons ont été fondées par des auteurs et autrices qui trouvaient dans ce modèle risqué la possibilité de publier l'impubliable, une liberté de ton, une indépendance d'esprit vis-à-vis d'un marché en expansion. Camille Escoubet est coordinateur éditorial aux éditions des Requins Marteaux, mais aussi fondateur de Super Loto éditions et, s'il ne roule pas sur l'or, il ne regrette pas d'avoir embrassé le « *risque éditeur* ». « *Au départ, les éditeurs indés, ce sont des collectifs d'auteurs qui se sont regroupés car ils n'avaient pas la possibilité de se faire éditer. Aujourd'hui, on a créé le SEA, syndicat BD des éditeurs alternatifs.* » Créé en 2014, le SEA a ainsi mis en

L'AUTOÉDITION COMME GAGE DE LIBERTÉ ÉDITORIALE EST DANS L'ADN DES STRUCTURES INDÉPENDANTES.

place une nouvelle forme de contrats dits d'« édition équitable », qui préconisent des droits d'auteur de 10 à 12 % (au lieu des 8 % pratiqués habituellement) et une durée de cession de droits de dix ans.

Mais ce n'est pas dans le but de ressentir le frisson de la liberté et du risque que beaucoup d'auteurs et autrices se tournent aujourd'hui vers des chemins de traverse. À trop leur avoir confié de tâches non rémunérées – et offert, pour les tâches rémunérées, de maigres rétributions –, l'édition s'est tiré une balle dans le pied. Le scénariste Antoine Ozaman, qui travaille depuis 1999 « *à compte d'éditeur* » voit ses collègues se tourner vers l'autoédition sans trop de crainte : « *Quand j'ai commencé il y a plus de vingt ans, il y avait encore des postes fixes chez les éditeurs, des gens qui nettoyaient les pages scannées, faisaient les lettrages. Aujourd'hui, c'est souvent indiqué "PDF final" dans les contrats. Les dessinateurs savent déjà tout faire, sans que leur rémunération ne change.* » Selon lui, c'est la raison principale de la nouvelle vague d'autoédition digitale, à laquelle appartiennent les éditions Exemplaire. Un pari qui peut s'avérer gagnant mais demeure très risqué : « *Évidemment, il y a plein de pièges. Je me souviens d'un cas d'école, celui de Laurel : en 2015, elle avait fait un Ulule qui avait cartonné*[1]. *Mais elle l'avait fait en son nom et les impôts lui sont tombés dessus… Et elle avait proposé des contreparties et s'est retrouvée à faire plus de six cents dédicaces, et à gérer les envois… ce qui fut très chronophage.* »

« Ubérisation » et risques à moyen terme : les craintes des éditeurs alternatifs

S'ils saluent tous le recours à l'autoédition et l'initiative de Lisa Mandel, certains éditeurs alternatifs interrogés restent dubitatifs face à Exemplaire. Voire craintifs. « *Je comprends très bien son idée et je la respecte,* explique Camille Escoubet, *mais du côté des collaborateurs je trouve que c'est un nivellement par le bas : si les personnes ne sont rémunérées que sur les recettes, sans paiement garanti, que se passera-t-il si les ventes ne suivent pas ?* » Par ailleurs, le coordinateur éditorial des Requins Marteaux regrette, comme beaucoup d'autres, une « *fuite des cerveaux* » des petites maisons comme la sienne vers les grands éditeurs ou l'autoédition. Il craint que s'il fonctionne, le modèle d'Exemplaire continue de siphonner des têtes d'affiche. « *Les petits éditeurs alternatifs sont un laboratoire, on lance des dessinateurs en faisant un pari. Une fois le succès rencontré, nous avons besoin de leurs ventes pour continuer de prendre des risques avec des personnes qui sortent d'école.* »

Le coordinateur éditorial craint donc que le modèle proposé par Exemplaire touche au final plus les petits éditeurs. Mais il doute, de façon plus générale, du principe même du financement participatif : « *Je pense qu'au lieu de demander aux gens de mettre une nouvelle fois la main à la poche pour financer le travail des artistes, il est plus juste de demander des subventions, des sous du CNL pour faire des livres, c'est plus démocratique… Mais elle pourra peut-être y prétendre plus tard.* » Quitte à tout révolutionner en vue de participer collectivement à une plus juste rémunération des auteurs et autrices, Serge Ewenczyk, directeur de la petite maison Çà et Là, pense à un modèle ancien qui retrouve des couleurs outre-Atlantique depuis quelques années : le mécénat. « *Là-bas, beaucoup d'auteurs et d'autrices ont ouvert des comptes Patreon. Le principe est clair et sans contrepartie : l'idée est de soutenir tous les mois un artiste, point.* »

L'éditeur, qui publie une douzaine d'albums par an, a lui aussi vite vu les limites de l'autoédition : « *Internet a ouvert de nouveaux circuits de financement et ça a un peu changé la donne pour certains auteurs, mais c'est l'arbre qui cache la forêt,* explique-t-il. *Pour la majorité des auteurs, passer par le financement participatif, c'est se confronter avec la réalité économique de la BD, qui se vendent en majorité en dessous de mille exemplaires… Donc très peu de personnes parviennent à fédérer suffisamment de gens pour se rémunérer correctement et payer les frais de fabrication.* » Le modèle économique d'Exemplaire s'adresse en priorité à celles et ceux qui bénéficient d'une forte présence sur les réseaux sociaux, gage d'un *crowdfunding* réussi, selon Lisa Mandel. Mais c'est justement ce qui fait peur à l'éditeur passionné de Çà et Là, qui défend presque une mission de service public : « *Je trouve cela libéral, il y a des livres que je publie dont je sais qu'ils ne feront pas d'argent, mais je pense qu'ils doivent exister.* » L'homme craint également que ne soit squeezée la librairie, même si Exemplaire anticipe des partenariats avec les professionnel·le·s du livre : « *Autant être son propre éditeur, son propre maquettiste ou attaché de presse, OK, mais je trouve que devenir son propre libraire cela devient dangereux car tout le monde a besoin que la librairie indépendante soit forte.* »

Malgré ces critiques, les éditeurs ne jettent pas la pierre à celles et ceux qui – souvent contraint·e·s et forcé·e·s – publient ailleurs ou s'autoéditent dans le but de mieux gagner leur vie. Une grande partie des éditeurs alternatifs ne peuvent se permettre de financer décemment les auteurs et autrices et sont conscients de participer, bien malgré eux, à la précarisation des acteurs et actrices de la bande dessinée. Il n'est ainsi pas rare que les à-valoir ne dépassent pas les trois mille euros. « *Un auteur connu des éditions alternatives a parfois besoin de publier parfois chez un "gros éditeur", il doit payer son loyer, il a des enfants*, explique Camille Escoubet. *D'un point de vue personnel je pense que les auteurs devraient avoir un vrai statut fort, comme l'intermittence, ainsi peu importe qu'ils travaillent pour 2024 ou Casterman, ils gagneront leur vie.* »

L'enterrement d'un rapport tant attendu

Si l'initiative des éditions Exemplaire naît à la fin de l'année 2020 et pointe du doigt une plus juste répartition du prix du livre, ce n'est pas un hasard. À l'heure où la bande dessinée ne s'est jamais autant vendue, la précarité de ses auteurs et autrices est un sujet brûlant. Chaque année, la ville perchée d'Angoulême, avec ses jolies pierres dorées, devient la capitale de la bande dessinée. Éditeurs, coloristes, traductrices, libraires, amateurs, stars et espoirs se croisent dans la joie et, parfois, dans la mauvaise humeur. La politique s'y invite souvent. Lors de l'édition 2016 étaient convoqués des états généraux de la BD qui présentaient pour la première fois des chiffres sur la précarité des auteurs et autrices : 53 % en dessous du Smic (67 % pour les femmes), 36 % en dessous du seuil de pauvreté (50 % pour les femmes), 71 % cumulant une autre activité professionnelle. À cette occasion, les autrices, illustratrices, coloristes et autres scénaristes avaient dénoncé une plus grande précarité et le sexisme dont elles étaient victimes dans ce milieu de gros bras, quelques mois après la création du Collectif des créatrices de bandes dessinées contre le sexisme.

À L'HEURE OÙ LA BANDE DESSINÉE NE S'EST JAMAIS AUTANT VENDUE, LA PRÉCARITÉ DE SES AUTEURS ET AUTRICES EST UN SUJET BRÛLANT.

En 2020, à l'occasion de la 46e édition du festival d'Angoulême, les cœurs auraient dû être à la fête car les ventes d'albums et autres romans graphiques avaient explosé de 11 %. Les mauvaises langues avaient expliqué ce bond par le seul effet *Astérix*, dont le dernier opus était sorti en octobre 2019, mais elles avaient tort : depuis cinq ans, les ventes étaient en augmentation constante. Contre toute attente, le champagne est resté au frigo : c'est bien la précarisation des bédéistes qui est remontée à la surface, comme un vieux loup de mer s'attablant au bistrot. Le rapport Racine (du nom de son rédacteur Bruno Racine) venait de nouveau de poser les faits, implacables.

Commandé en avril 2019 par l'ancien ministre de la Culture Franck Riester, le rapport devait « *permettre d'adapter les politiques publiques existantes en faveur des artistes, auteurs et créateurs* ». Il détaillait crûment les mécanismes de paupérisation chez les bédéistes, confirme les tarifs pratiqués (« *Dans le secteur de l'édition, 70 % des auteurs perçoivent un à-valoir dont le montant [...] est inférieur à trois mille euros. Ainsi, il permet rarement à l'auteur de vivre durant une période de création prolongée* »), revient sur les inégalités de genre (« *Dans le secteur du livre, les femmes déclarent 21 % de revenus en moins par rapport aux hommes et l'écart atteint 30 % après vingt années d'affiliation* »). Loin de s'arrêter à dresser ce triste tableau, ce travail parlementaire proposait vingt-trois recommandations afin de sortir les artistes auteurs de la mouise où on les avait laissé·e·s : définir un statut professionnel, organiser les représentations collectives, définir les bonnes pratiques professionnelles, assurer que les artistes-auteurs obtiennent les droits acquis par leurs cotisations (chômage, retraite, arrêts maladie, congés parentalité)... Autant de recommandations qui semblaient pourtant réalistes à la plupart des éditeurs, petits et grands. Sébastien Gnaedig est directeur éditorial de Futuropolis, il publie plus de quarante albums par an : « *Je pense que, collectivement, il aurait été facile de suivre certaines recommandations du rapport Racine. Il y a moins de quinze ans, il y avait moins de mille BD par an, aujourd'hui il y en a cinq mille cinq cents. La vente moyenne a chuté, alors oui, logiquement, les droits d'auteur ont fondu. Quand j'ai commencé, dix mille exemplaires c'était une petite vente et aujourd'hui une vente moyenne, c'est moins de trois mille exemplaires. Je n'oublie pas pour autant notre responsabilité : je suis passé à 11 % de droits d'auteur, mes à-valoir dépassent pratiquement toujours les dix mille euros... ce qui reste insuffisant pour vivre un an ou deux. Mais je ne peux pas faire plus.* »

LE RAPPORT RACINE PROPOSAIT DES RECOMMANDATIONS RÉALISTES AFIN DE SORTIR LES ARTISTES AUTEURS DE LA PRÉCARITÉ.

Face à l'espoir suscité par les recommandations réalistes du rapport Racine, un certain nombre d'auteurs et d'autrices en colère, mené·e·s par le scénariste Gwen de Bonneval et Éric Turalo Dérian, ont créé un groupe de discussion sur Facebook « Auteurs et autrices en action ». Damien Roudeau a tout de suite adhéré. Ce dessinateur engagé, qui a publié deux albums et une quinzaine de carnets de reportage, aurait aimé apprendre à faire face à la précarité dès l'école. C'est une fois lancé qu'il a compris à quelle sauce il serait mangé. Depuis, il trime sans relâche, tuile les projets afin de se dégager un salaire permettant de nourrir sa petite famille : « *Guy Delcourt lui-même disait que pour être dessinateur de BD il fallait un boulot à côté, ça donne l'idée. Ma dernière BD,* L'Eau vive, *publiée chez Futuropolis, c'était dix mille euros nets pour cent quarante pages d'aquarelles couleurs. Un an de travail sans week-ends ni vacances. Cela revient à deux euros de l'heure. Il y a quelque chose qui ne va pas : pour survivre dans la BD, il faut être héritier ou compter sur son ou sa conjointe… Si cela continue, cela aura des répercussions sur ce qu'aura à raconter la BD, sociologiquement.* » Aujourd'hui, comme Damien Roudeau, plus d'un millier d'adhérent·e·s ont rejoint le mot d'ordre du groupe : « *Auteur-trice-s, dessinateur-trice-s, illustrateur-trice-s, scénaristes et coloristes, nous subissons tou-te-s de plein fouet la précarisation de nos métiers, l'inexistence de nos statuts, l'aveuglement des autres maillons de la chaîne du livre quant à nos situations. Nous partageons également l'espoir d'une amélioration accompagnée par les pouvoirs publics durant cette année 2020 labellisée "Année de la BD".* » Une « *Année de la BD* » présentée par le ministre de la Culture à Angoulême qui devait être le premier axe d'une « *intensification de la politique publique en faveur de la bande dessinée* », un axe plus festif que combatif comprenant de grandes expositions, des cycles de rencontres, des partenariats avec des musées. Covid oblige, les réjouissances ont été prolongées à 2021.

BD 2020 : une usine à gaz, une illusion, un contre-feu

L'espoir, cependant, avait été de courte durée. Dès l'annonce de sa parution, supplantée par celle de l'année de la BD, le rapport Racine fut enterré avec ses recommandations. Covid-19, changement de ministre ou lâcheté politique, chacun·e y va de sa théorie. « *Dès sa parution, tout le monde de la BD ne parlait que du rapport Racine, nous l'attendions tous et toutes. Puis le ministre de la Culture a annoncé l'initiative "Année de la BD" et ça a soulevé beaucoup d'espoir. Ç'a été la douche froide, une claque, on a vite compris que ça cachait la mise de côté rapide et définitive des propositions du rapport Racine. On se demande pourquoi déployer autant d'efforts pour ça, chaque ministre de la Culture vient, annonce qu'il ou elle prend le dossier à bras-le-corps, puis repart et rien ne change. BD 2020 c'est une usine à gaz pour donner l'impression qu'on fait quelque chose, une illusion pour masquer la disparition du rapport Racine, un contre-feu pour détourner l'attention de cet enterrement*», s'attriste Philippe Pochep.

« BD 2020 C'EST UNE USINE À GAZ POUR DONNER L'IMPRESSION QU'ON FAIT QUELQUE CHOSE, UNE ILLUSION POUR MASQUER LA DISPARITION DU RAPPORT RACINE, UN CONTRE-FEU POUR DÉTOURNER L'ATTENTION DE CET ENTERREMENT. »

Sans doute las de cette ultime estocade, le coloriste et scénariste de BD Hubert Boulard a tiré sa révérence en février, à l'âge de quarante-neuf ans. Son dernier album, le magnifique *Peau d'homme*, réalisé avec le dessinateur Zanzim, est paru de façon posthume en avril 2020. Selon la plasticienne Anne-Claire Macé, amie de longue date et compagne de Zanzim, sa mort est directement due à la précarité qui a creusé pendant vingt-cinq ans les joues, le sommeil, le dos, le moral de l'artiste. Elle a décidé de porter la plume dans la plaie en publiant un post, sur le groupe Facebook des Auteurs et autrices en action : « *Serait-il mort s'il avait pu bénéficier de congés payés qui lui auraient permis de prendre du repos ? S'il n'avait pas subi cette pression constante… Vingt-cinq ans de traitement irrespectueux que nous endurons tous, tous les créateurs d'image.* » Quelques mois après le suicide de son ami, l'artiste ne décolère pas. « *J'avais eu besoin de m'exprimer car je le vois autour de moi : des décennies sans chômage, sans congés, sans expectative de retraite, ça mène à un épuisement global.* » La jeune femme a vu son ami perdre son énergie, au fur et à mesure que les projets s'accumulaient à la queue leu leu dans son emploi du temps de ministre. « *Le gros problème des auteurs de BD, c'est le tuilage : quand tu finis quelque chose, il faut avoir déjà vendu le prochain projet. Intellectuellement, c'est épuisant car convaincre un éditeur reste difficile.* » Plasticienne, Anne-Claire Macé a dû organiser sa vie avec la précarité en ligne de mire : « *Le revenu moyen de la profession, c'est huit cents euros pour quarante heures par semaine.*

MALGRÉ LEURS COTISATIONS, 88 % DES PROFESSIONNEL·LE·S DE LA BD N'ONT JAMAIS BÉNÉFICIÉ D'UN CONGÉ MALADIE ET 81 % N'ONT JAMAIS OBTENU DE CONGÉ MATERNITÉ, PATERNITÉ OU ADOPTION.

On doit faire une trésorerie pour se payer des congés, pour les congés maternité c'est l'enfer. » Pour rappel, selon les chiffres des états généraux de la BD, malgré leurs cotisations, 88 % des professionnel·le·s n'ont jamais bénéficié d'un congé maladie, 81 % n'ont jamais obtenu de congé maternité, paternité ou adoption.

Le regretté Hubert n'aura pas pu voir combien sa *Peau d'homme* a bouleversé les lecteurs et lectrices. L'album s'est retrouvé sous bien des sapins confinés, a raflé tous les prix : grand prix de la Critique de l'ACBD, prix RTL, prix Wolinski du Point, prix Landerneau des Centres Leclerc, prix Ti-Zef au festival de la BD de Brest, il est nominé pour le Fauve d'or d'Angoulême, le prix des libraires BD 2021, le prix Fnac-France Inter. Si le rapport Racine est bel et bien enterré, et que l'année 2020-2021 de la BD est un pétard mouillé, le Syndicat des auteurs et des compositeurs (Snac) a réitéré en décembre sa volonté de ne pas lâcher le combat et continue une enquête de fond sur les souffrances professionnelles des auteurs et autrices, laquelle, après les recherches, devrait bientôt laisser place à l'action : « *Pleinement conscient que cette problématique peut concerner les différents maillons de la filière, nous mettrons en place, à terme, un dialogue avec les pouvoirs publics et nos interlocuteurs, les maisons d'édition, afin de nous engager à repenser ensemble la relation auteur.ices/éditeur.ices.* » Peut-être que cela portera ses fruits, peut-être que le modèle Exemplaire révolutionnera les rapports de pouvoir de l'édition, peut-être qu'il ne bénéficiera qu'au sommet émergé de l'iceberg de la BD. Mais ces initiatives collectives permettent déjà d'ajouter un coin de ciel bleu à une aquarelle bien sombre. Comme dit Camille Escoubet : « *Quand on est au fond du seau, on voit le ciel.* »

1. Elle avait récolté deux cent quarante-et-un mille euros (NdlR).

L'ÉCOFÉMINISME AUX ABOIS

POSITION

Marchandisation, manipulation et récupération d'un mouvement radical

PAR Anna BERRARD

De quoi l'écoféminisme est-il le nom ? De magazines proposant des « *recettes de cuisine holistiques* » qui vous aideront à « *retrouver votre moi intérieur* » ? Peut-être de coachings bien-être vous promettant de « *renouer avec votre féminin sacré* » ? Ou de festivals parisiens « *écolos* » soutenus par des start-ups ? Pourquoi pas de groupe d'extrême droite qui prônent la « *défense de la nature* » dans le but de mieux lutter contre l'avortement ? Depuis quelques années, des écoféministes autoproclamé·e·s essaiment et se dispersent sur l'ensemble du spectre politique. Face à cette dilution du sens même de l'écoféminisme, dont les pionnières portaient des revendications politiques radicales, il est plus que jamais nécessaire de se souvenir et de réaffirmer que ce mouvement est avant tout une politique de résistance.

L'écoféminisme a le vent en poupe. Resté longtemps inconnu en France, il rencontre, depuis 2015 environ, un intérêt nouveau. Cet essor s'inscrit dans un contexte de fortes mobilisations collectives : celles de l'après-COP21, celles liées au mouvement #MeToo, celles qui ont émergé à la suite de la publication du rapport du Giec, celles, enfin, des étudiant·e·s pour le climat.

L'écoféminisme, selon le néologisme né sous la plume de la philosophe Françoise d'Eaubonne[1], est un mouvement militant qui s'est principalement développé aux États-Unis et en Grande-Bretagne au cours des années 1980, dans le sillage des luttes antinucléaires et pacifistes. Syncrétisme de différents mouvements, il lie fortement aspirations féministes et écologistes et ses activistes entendent démontrer que l'oppression des femmes et la destruction écologique relèvent des mêmes mécanismes de domination patriarcaux. C'est un mouvement radical dans la mesure où les écoféministes entendent remonter à la source de toutes les formes de domination (de genre, de classe, de race, etc.) et où leur utopie propose de dépasser l'idéologie même qui soutient ce système de violences. Malgré une aspiration à relier différents mouvements à travers le globe (mouvement Chipko en Inde, mouvement environnementaliste kenyan, etc.), l'écoféminisme demeure un mouvement principalement occidental.

En France, l'intérêt nouveau envers l'écoféminisme s'observe dans les médias (à travers des podcasts, des articles de plus en plus nombreux), dans les milieux militants et dans le monde académique. Les mémoires et thèses sur le sujet se multiplient, tout comme la traduction en français d'ouvrages phares du mouvement: on notera entre autres la sortie en 2016 du très médiatisé *Reclaim*, anthologie de textes écoféministes dirigée par Émilie Hache et publiée aux éditions Cambourakis. Grâce à la collection « Sorcières » créée en 2015 par cette même maison, Isabelle Cambourakis, sa directrice, participe fortement à la publicisation de l'écoféminisme en France, à travers par exemple les ouvrages de Starhawk, mais aussi celui d'Alice Cook et Gwyn Kirk sur le camp pour la paix de Greenham Common.

De cet intérêt renouvelé envers l'écoféminisme découle la question de son héritage, de la légitimité de celui-ci et de ses possibles récupérations. La récupération capitaliste des mouvements sociaux et des pensées critiques n'est pas chose nouvelle[2], comme en témoignent le *greenwashing*, le *pinkwashing* ou encore la marchandisation de slogans féministes.

Décrire et conjointement dénoncer les récupérations capitalistes de l'écoféminisme supposent la défense d'un « vrai », d'un « authentique », d'un « originel » écoféminisme. Cet enjeu est d'autant plus prégnant, dans le cas de ce mouvement à la fois théorique et politique, qu'il est arrivé en France de manière éparpillée et décontextualisée, et s'est donc développé à travers des discours et des pratiques aussi diverses que contradictoires. Je préfère donc dès à présent préciser que je n'entends pas détenir ni défendre une « vérité » de l'écoféminisme. Et si je pense qu'il existe *des* manières d'étudier et de se revendiquer écoféministe, je pense aussi qu'il est nécessaire, à l'inverse, de ne pas se contenter d'un relativisme stérile, lequel empêcherait toute critique de certaines composantes de l'ensemble hétérogène formé par les écoféministes. C'est pourquoi, l'enjeu est d'expliciter l'écoféminisme sans l'essentialiser ni le réduire à une seule de ses définitions. La démarche est épineuse, mais elle me paraît nécessaire au regard du contexte actuel, marqué par l'urgence de la crise écologique et la prégnance d'un patriarcat lié au capitalisme néolibéral : l'écoféminisme comporte un intérêt heuristique indéniable et une portée utopiste considérable que je ne pense mobilisables qu'en assumant un héritage politique radical.

Aux racines de l'écoféminisme

Dans les années 1980, la diversité de l'écoféminisme n'est pas appréhendée comme une possible source de conflits mais, au contraire, comme un signe de vitalité et de richesse. Ce refus d'une recherche effrénée d'uniformité et de cohérence est perçu par beaucoup comme une condition à la créativité politique, permettant aussi de se prémunir contre toute tentation dogmatique ou totalisante et, *in fine*, contre une théorie hégémonique qui mènerait à recréer des mécanismes de domination et d'exclusion. Quand Lee Quinby définit l'écoféminisme comme une « *politique de résistance*[3] », elle insiste sur les dangers d'un cadre théorique trop rigide ainsi que d'une centralisation des luttes. Selon elle, un mouvement décentralisé serait ainsi plus à même de lutter contre un pouvoir caractérisé par la multiplicité des rapports de force. C'est, en quelque sorte, l'hydre et le dragon[4]. Aussi, la lutte écoféministe, par ses actions diverses et ancrées localement, permet à la fois l'affaiblissement des structures de pouvoir, l'*empowerment* de ses militantes et la prise en compte d'une diversité de points de vue. Cette multiplicité est particulièrement visible à travers les anthologies qui furent publiées à la suite des mobilisations anglo-étatsuniennes. En combinant poèmes, essais et témoignages, *Reclaim the Earth*, paru en 1983, et *Reweaving the World*, paru en 1990, caractérisent ce rejet du dogmatisme.

L'ACADÉMISATION DE L'ÉCOFÉMINISME A MENÉ À DISTINGUER PLUSIEURS BRANCHES.

Toutefois, si les écoféministes ne perçoivent pas, dans un premier temps, les différents courants qui évoluent en leur sein (les différences étant davantage décrites comme des sensibilités propres à chacune), l'affaiblissement du mouvement et, corrélativement, son académisation, ont mené à distinguer plusieurs branches de l'écoféminisme. En décrivant une « *colonisation de l'écoféminisme par la philosophie* », Julie Cook dénonce la manière dont l'entrée de l'écoféminisme dans l'Université a conduit à accuser toute une partie de ses autrices et activistes d'essentialisme, d'apolitisme et d'irrationalité. L'accent mis par ces écoféministes « *culturelles* » – nommées ainsi en opposition aux écoféministes « *socialistes* » – sur l'importance d'un « *changement de conscience* » a été dénoncé comme dépolitisant, voire individualiste tandis que leur attachement à la spiritualité a été jugé irrationnel et essentialisant. Au contraire, les secondes attaquaient plus directement les structures de domination, s'inscrivant dans le sillage d'un féminisme matérialiste et constructiviste : si elles établissent un lien historique entre domination des femmes et domination de la nature, elles ne formulent pas la nécessité d'une réappropriation de cette domination à des fins émancipatrices

Défendre un rapport au monde sensible et politique

Aujourd'hui, c'est pourtant bien sur l'héritage de l'écoféminisme culturel que s'appuient la majorité des récupérations capitalistes : appel à un changement culturel, développement d'une spiritualité alternative ou accent mis sur les émotions dans une démarche d'*empowerment*… ces mots d'ordre du mouvement semblent désormais bien entrés dans le vocabulaire néolibéral. Mais qu'en est-il véritablement si l'on prend la peine de se pencher sur l'utopie écoféministe ?

Le patriarcat capitaliste, en tant que système, est porteur d'un imaginaire spécifique qui dichotomise et hiérarchise[5] le monde selon une vision duale (nature/culture, femmes/hommes, matière/esprit, etc.). En promouvant une conception et un rapport au monde symbiotiques, les écoféministes combattent cet imaginaire extractiviste qui empêche de penser la complémentarité entre toutes les formes de vie sur Terre et de construire un monde débarrassé de toute forme d'oppression. S'attaquer au capitalisme, c'est bien sûr lutter contre ses structures matérielles et institutionnelles, mais également contre l'idéologie qui le soutient. En l'absence de ce bouleversement de paradigme, les combats écoféministes ne pourraient être menés. En cela, le changement culturel que les écoféministes appellent de leurs vœux ne se résume pas à une démarche individualiste.

Chez certaines d'entre elles, des pratiques spirituelles viennent par ailleurs appuyer cette vision du monde. Considérant que les religions exercent une influence centrale sur la constitution des sociétés et sur l'organisation du pouvoir en leur sein, elles estiment qu'il est nécessaire de forger une spiritualité féministe comme alternative aux religions monothéistes patriarcales. La spiritualité constitue ce lien entre l'individuel et le collectif, entre l'intime et le politique. Elle se traduit autant de manière personnelle (par la croyance ou l'identification) que de manière collective, par le partage de valeurs et de références communes. Les spiritualités écoféministes sont pour beaucoup des spiritualités de l'immanence : la Déesse n'est pas une entité extérieure et surplombante. Elle se trouve dans chaque chose : les arbres, les ruisseaux, les humain·e·s. Si chaque chose est sacrée, aucune hiérarchie coercitive ne peut être soutenue. En constituant également le tout, la Déesse symbolise la continuité entre toutes les formes de vie et entre tous les éléments présents sur Terre. Une telle conception est intéressante d'un point de vue politique en ce qu'elle oriente l'action : elle invite à penser chaque chose comme une fin en soi et engage à agir sans recréer des formes arbitraires d'oppression. Starhawk souligne la portée pragmatiste et performative de la spiritualité écoféministe : « *Lorsque nous comprenons que tout est interconnecté, nous devons construire une politique et un ensemble d'actions qui naissent de la compassion, de la capacité à ressentir avec* [feel with] *tous les êtres vivants de la Terre*[6]. » En pratique, la spiritualité écoféministe se concrétise par des rituels, de la méditation, des célébrations ou des chants qui permettent de créer un pont sensible entre théorie et pratique et de dépasser une simple conception intellectuelle de la Terre comme être vivant afin de le vivre comme tel.

Toujours dans cette même volonté de favoriser un rapport sensible au monde, les écoféministes mettent les émotions au cœur de leurs stratégies de lutte. Elles légitiment un engagement émotionnel fort, à la fois dans le but de définir les objectifs de leur combat et de forger les collectifs militants. C'est la peur de l'écocide et du militarisme qui rassemble ces femmes, la colère qui les unit et l'espoir qui les mobilise. Lors de la Women's Pentagon Action d'août 1980, elles érigent des figurines colorées symbolisant leurs émotions et leur cheminement militant et personnel : la noire symbolise le deuil, la rouge la rage, la jaune l'*empowerment* et la blanche la résistance.

La globalité de la pensée écoféministe se retrouve autant dans la radicalité de sa critique que dans le caractère holistique de son utopie : il s'agit de lutter contre toutes les discriminations en concevant le vivant comme un tout. Aussi, les sciences modernes, considérées comme le terreau philosophique de la modernité occidentale, sont dénoncées pour leur réductionnisme[7]. En disséquant, en séparant, en divisant, en hiérarchisant, les théoriciens modernes ont puissamment contribué à atomiser le vivant et à rendre impossible une pensée globale, symbiotique et non hiérarchique. Je qualifierai l'utopie écoféministe de relationnelle dans la mesure où ses militantes promeuvent un nouveau « rapport à » et une nouvelle manière d'« être à », lesquels ne conçoivent jamais autrui comme un moyen, tout en affirmant la nécessité de penser chaque élément de manière interconnectée. Par exemple, elles refusent de penser la technologie indépendamment des rapports de pouvoir et d'oppression qui ont sous-tendu son développement et indépendamment de ses conséquences sur la vie sur Terre. Ainsi, l'écoféminisme ne peut être réapproprié de manière partielle et décontextualisée dans la mesure où une telle démarche entrerait en contradiction directe avec ce principe relationnel.

Ce retour aux sources de l'écoféminisme est indispensable si l'on veut bien comprendre les enjeux des récupérations actuelles. En effet, alors que les accusations envers les écoféministes culturelles ont longtemps contribué à leur discrédit et qu'elles sont aujourd'hui au cœur des mécaniques de récupération, ce courant semble toutefois connaître une forme de réhabilitation dans les champs universitaires comme militants. Aussi Émilie Hache prend soin, dans l'anthologie *Reclaim*, de mêler des écrits traitant de la spiritualité (Shiva), des extraits d'ouvrages accusés – à tort[8] – d'essentialisme (Griffin) et des textes d'écoféministes socialistes (Merchant). Sur un autre registre, la lutte antinucléaire du collectif Les Bombes atomiques à Bure intègre également le combat en faveur d'un changement culturel, condition nécessaire à la transformation globale du système politique. C'est ce que traduit l'un de leurs chants : « *Et si les chants qui nous ressemblent/On les écrivait toutes ensembles ?/Des chants qui racontent nos histoires/Et disent nos rages et nos espoirs/Donnent du courage et du pouvoir.* » Cette réhabilitation progressive de l'écoféminisme culturel est bienvenue, en ce qu'elle concentre la radicalité politique du mouvement. Poèmes,

QUE RESTE-T-IL DES OBJECTIFS ANTICAPITALISTES, FÉMINISTES ET ÉCOLOGISTES DANS LES ARTICLES DE MAGAZINE QUI INVITENT LES LECTRICES À « *RENOUER AVEC LEUR FÉMININ SACRÉ* » ?

proses poétiques, chants ou spiritualité sont autant de vecteurs d'espoir, de formes sensibles qui viennent enrichir le vocabulaire militant et les mobilisations elles-mêmes, permettant de dessiner les contours de l'utopie écoféministe et d'expérimenter de nouvelles formes de vie.

Héritage ou distorsions ?

Aujourd'hui, cet héritage complexe du mouvement soulève une interrogation : toutes les actions se revendiquant de l'écoféminisme s'inscrivent-elles réellement dans la continuité de ce mouvement ? Cet accent mis sur la multiplicité des points de vue et la continuité des modes d'actions implique fondamentalement l'acceptation de diverses formes de positionnement. Pour autant, que reste-t-il des objectifs politiques anticapitalistes, féministes et écologistes portés par les pionnières dans les pages de papier glacé d'un magazine comme *New Witch*, lequel appartient à un groupe international de presse multimilliardaire, et qui invite les lectrices à « *se réapproprier leur pouvoir et à renouer avec leur féminin sacré* » ? Parvenu en France de manière tardive et diffuse, l'écoféminisme semble aujourd'hui regrouper des discours et des pratiques aux objectifs politiques différents, voire contradictoires.

Ainsi l'accent mis par les militantes sur l'importance du changement culturel, par exemple, se retrouve parfois sous la forme d'injonctions à un changement personnel qui éludent totalement la nécessité d'une transformation des structures, ce qui peut contribuer à renforcer le capitalisme néolibéral plutôt qu'à le fragiliser. En effet, la frontière est mince entre cet objectif politique radical et les travers d'une focalisation sur le seul épanouissement personnel. En concevant l'individu comme entrepreneur de lui-même, ou d'elle-même, le bien-être du « *psytoyen*[9] » néolibéral devient la clé de sa réussite économique. Dans cette optique, « *retrouver son moi intérieur* » ou « *retrouver sa place dans le monde* » apparaît davantage comme une invitation à atteindre son « *plein potentiel* », venant soutenir l'idéologie capitaliste, que comme une attitude politique radicale.

Largement critiquée au sein des féminismes comme de l'écoféminisme pour sa prétendue irrationalité et dépolitisation, la spiritualité écoféministe constitue, elle aussi, une source de récupérations. Pour parties transformées en un vaste marché (thérapies, coaching bien-être, applications de méditation, etc.), les pratiques divinatoires ou méditatives sont dans ce cadre considérées comme des outils à la portée de toutes et tous en vue d'accéder au bonheur, entretenant une forte dimension responsabilisante et dépolitisante. Dans cette quête néolibérale du bonheur[10], l'accent est largement mis sur les émotions. Ces dernières sont considérées comme pouvant et devant être rationalisées, les émotions négatives devant être chassées afin de ne dégager que les émotions positives. De même, si le bonheur est un état émotionnel souhaitable et aisément atteignable, il est également présenté comme une condition de la réussite professionnelle. Conçu comme un processus d'accumulation, il devient une composante centrale de l'individu néolibéral. Faisant de ces pratiques la clé du bien-être de chacun·e, ces récupérations nient la souffrance causée par les structures d'oppression tout en délégitimant le recours à une lutte politique collective en vue d'améliorer ses conditions de vie.

LA QUÊTE DU BONHEUR DEVIENT UNE COMPOSANTE CENTRALE DE L'INDIVIDU NÉOLIBÉRAL.

Si mon propos est situé et vise des objectifs politiques précis, défendant un féminisme et une écologie sociale, intersectionnelle et anticapitaliste, les discours et pratiques de ceux et celles qui, au nom de l'écoféminisme, recréent des mécanismes d'oppression et d'exclusion tout en soutenant un système d'accumulation économique et d'individualisme néolibéral, le sont tout autant. Il est ainsi nécessaire de repolitiser chacun de ces discours (auto)labellisés écoféministes afin de faire émerger les objectifs politiques et sociaux qui les sous-tendent. Cette démarche est également importante au regard de la compréhension du mouvement écoféministe lui-même. Croyant fermement à la portée politique radicale de l'écoféminisme, je suis convaincue que l'utilisation exponentielle du qualificatif « écoféministe » nuit à la compréhension du mouvement dans toute sa portée politique.

« *Cuisiner holistique* », ou le néolibéralisme *New Age*

Une précision me semble ici nécessaire. Je soutiendrai qu'il existe deux niveaux de récupération : des récupérations directes, qui se revendiquent explicitement de l'écoféminisme, et des récupérations indirectes, qui ne se réfèrent pas directement à ce dernier mais contribuent, en rapprochant fortement les thématiques du genre et de l'environnement, à brouiller les pistes. Ces dernières s'inscrivent dans un contexte global d'intérêt croissant envers les questions environnementales et de genre. S'institutionnalisant et accédant à l'agenda médiatique, politique et partisan, la justice environnementale et le combat féministe sont incorporés en s'affranchissant de leur visée politique radicale.

Burda Bleu, antenne française du groupe de presse allemand Hubert Burda Media, a lancé en juin 2020 ce que Mediaspecs décrit comme le « *nouveau trimestriel éco-féministe et engagé* », le magazine *New Witch*. Ce groupe, géant de la presse dont le chiffre d'affaires s'élevait en 2019 à 2 790 milliards d'euros, semble avoir saisi sa chance et cherche à faire sa place parmi les nombreux magazines destinés à un public « *féminin* » : en invitant à « *écouter la lune* », à « *cuisiner holistique* » ou à engager un « *retour sur soi* », *New Witch* appelle chacun·e à ralentir et à se « *reconnecter à l'essentiel* ». Le tout est accompagné de conseils shopping (produits bios ou « *naturels* », stages de yoga, boxes d'épanouissement personnel, etc.) pour venir consommer cette retraite spirituelle. Un communiqué de presse du groupe déclare promouvoir « *un monde respectueux de la planète et de l'humanité, un monde où le patriarcat n'a plus sa place, un monde dans lequel les consciences s'éveillent, grâce à une nouvelle spiritualité* ». Cet engagement est visible dès le titre et le sous-titre (« *Réveillez la sorcière qui est en vous* ») du magazine : en récupérant le terme « *sorcière* », le trimestriel réutilise une figure historique marquée par des siècles de répression et récemment réhabilitée par les mouvements féministes. Certaines féministes (comme Starhawk) se définissent ainsi en vue d'assumer une position politique transgressive et radicale. La figure de la sorcière symbolise en effet l'indépendance et la résistance des femmes et est chargée d'une forte dimension spirituelle. Porteuse d'une signification écologique (en référence aux guérisseuses et à l'usage de plantes dans le soin) et d'une dimension féministe la sorcière se retrouve fortement liée à l'écoféminisme. Toutefois, je ne suis pas certaine que l'achat d'une eau de toilette Chaman's Party à soixante-huit euros contribue à faire de ses détentrices des sorcières, comme je doute que cuisiner une soupe de chou-fleur au curry, même de manière «*holistique*», constitue un acte de résistance antipatriarcal. Des femmes ont été désignées comme sorcières, tuées et ostracisées parce qu'elles étaient indépendantes: vendre dans un magazine une image glamour de sorcière est insultant et participe encore à noyer, brouiller, flouter la portée politique radicale de ce symbole féministe.

Si *New Witch* est un exemple paradigmatique de cette récupération capitaliste de l'écoféminisme, on retrouve dans beaucoup de magazines «*féminins*» cette tendance à relier les questions environnementales aux questions de genre. Ou plutôt à superposer des articles sur la nature et l'écologie à tout ce qui, évidemment, définit *une* femme: des tutos beauté, des pages modes et des crèmes anti-âge bios. Le vert et le rose se mêlent à la une de *Elle*, et quand «*Elle* aime la planète» (2 octobre 2020), c'est pour parler d'art, de mode, de consommation et d'agriculture. Plus marquant encore, le même hebdomadaire a intitulé son hors-série de juin 2020 «*Elle green*», numéro qui s'est accompagné d'un événement organisé au Domaine de Longchamp les 3 et 4 octobre 2020.

Ces initiatives constituent des récupérations capitalistes de l'écoféminisme révélant des compréhensions réductionnistes et réductrices de celui-ci. En même temps qu'elles réutilisent un vocabulaire standardisé et rapprochent superficiellement les thématiques du genre et de l'environnement, elles font du développement personnel l'objectif ultime de tout cheminement. En traduisant le retour sur soi par la consommation de produits, de stages et de thérapies, ces initiatives n'expérimentent pas de nouvelles relations sociales, encore moins de nouveaux espaces de liberté, mais ne font qu'entretenir le marché de la consommation spirituelle. C'est ainsi que les aspirations à un changement politique global se trouvent totalement mises de côté ou simplement réduites à des formules aussi vagues qu'insignifiantes telles que «*changer le monde*». Le respect envers la nature ou l'appel à consommer «*responsable*» sont des manières d'incorporer un discours pseudo-politisé aux exigences du capitalisme marchand.

Par ailleurs, cette concentration sur la nature, les rites et les spiritualités traditionnelles se mêle à une forme de romantisation et d'idéalisation de la nature.

S'inscrivant dans un contexte où l'éco-anxiété est de plus en plus reconnue, la proximité avec la nature est prisée. Pourtant, cette nature-là apparaît comme une vision fantasmée de paysages vierges épargnés de toute activité humaine : des plantes, des arbres, des ruisseaux qui paraissent contenir et symboliser une pureté naturelle et écologique. En même temps que cette attitude traduit la déconnexion sociale évidente d'une certaine élite urbaine occidentale, son association avec la spiritualité en fait un foyer d'appropriation culturelle. Le premier numéro de *New Witch* en livre un exemple marquant, en titrant « Magie Chamane, gardienne de la terre ». L'emploi du terme « *chaman* » – mot-valise décrivant des réalités très différentes d'un continent à l'autre – illustre à lui seul la déterritorialisation de pratiques ancestrales[11]. Il participe donc d'une ambition d'universalisation capitaliste de la spiritualité, phénomène d'autant plus critiquable qu'il est le plus souvent porté par des personnes extérieures à ces spiritualités. Par exemple, Sylvie Taussig décrit le cas de « *Gringos* » (terme employé en Amérique latine afin de désigner les étatsunien·ne·s) qui, par le tourisme spirituel, « *croient représenter le besoin d'une prise de conscience des excès de la politique moderne, alors qu'en réalité, ils sont les agents de l'introduction des autochtones dans l'ère postpolitique*[12] ». Par ailleurs, en mélangeant toutes formes de références et de pratiques (décrivant entre autres la *tribal fusion* comme une pratique chamanique alors qu'il s'agit d'une danse née aux États-Unis), l'article sur la « *magie chamane* » relève en fait du néochamanisme, mouvement né dans les années 1970 et concentrant la récupération occidentale des pratiques spirituelles ancestrales de peuples non occidentaux.

Ces discours et pratiques réutilisent des symboles et références propres à l'écoféminisme tout en visant un objectif politique radicalement différent. Même si les écoféministes des années 1980 furent souvent critiquées pour leur occidentalocentrisme et certaines formes d'appropriation culturelle[13], un héritage actuel de ce dernier ne peut se faire sans remettre en cause ni dépasser ces mécanismes de domination. Or, en participant à la marchandisation de la spiritualité, à la focalisation sur un épanouissement personnel individualiste ou en s'emparant de pratiques et de symboles culturels propres à certains peuples opprimés, nombre d'initiatives se revendiquant aujourd'hui de l'écoféminisme recréent des mécanismes de domination, de classe et de race pourtant dénoncés et combattus par l'écoféminisme.

L'institutionnalisation de l'écoféminisme

Je ne saurais définir ici un phénomène précis de cause à effet : est-ce le regain d'intérêt en France envers l'écoféminisme qui a mené à ces récupérations ? Ou s'agit-il d'une curiosité grandissante envers la spiritualité, le genre et l'environnement qui a permis de redécouvrir l'écoféminisme en même temps que ses récupérations ? Quoi qu'il en soit, cette présence médiatique de l'écoféminisme a aussi participé de sa normalisation et de l'institutionnalisation d'une partie de son discours. Ce phénomène se retrouve à travers des collectifs comme celui des Engraineuses, fondé en 2018 par Solène Ducretot, ancienne rédactrice en chef d'EcoplusTV (média de l'« *économie positive* »), et Alice Jehan, cheffe de projet dans le secteur de l'économie sociale et solidaire. Se présentant comme une « *communauté qui promeut l'égalité femme-homme et la protection de l'environnement* », Les Engraineuses ont organisé en juin 2019 Après la pluie, le « *premier festival écoféministe en France* ». Si leur objectif est de sensibiliser au discours écoféministe et de créer des espaces d'expérimentation et de création, les initiatives de ce collectif, comme son soutien par une certaine élite (rencontre avec le ministère de la Transition écologique et solidaire, participation au sommet Women 7), font naître quelques soupçons quant à son potentiel radical. Si je respecte leur engagement et leur démarche militante, j'ai du mal à croire à la portée politique d'un festival organisé à la Cité fertile, tiers-lieu appartenant à l'entreprise Sinny & Ooko, acteur majeur de la gentrification parisienne[14]. En effet, comment prendre au sérieux un festival qui s'affiche antiraciste mais dont le public presque exclusivement blanc, jeune et bourgeois déambule au milieu de petites jardinières dans lesquelles sont plantés des panneaux portant des « *proverbes africains* » ?

La seconde édition du festival, qui s'est tenue en ligne, intégrait un « *cercle de paroles pour hommes* », soit un espace en non-mixité réservé aux hommes cisgenres. Réutiliser cette stratégie déployée par des groupes dominés est une manière de considérer les hommes cisgenres comme des victimes du système patriarcal, au même titre que les autres, en oubliant les raisons qui poussent des groupes à choisir de lutter en non-mixité ou en mixité choisie – aucune des rencontres programmées dans le cadre de ces deux éditions du festival n'a d'ailleurs opté pour pareille organisation. Faire la part belle aux hommes cisgenres, en se démarquant de luttes préférant une mixité choisie sans eux, contribue à rassurer le système patriarcal.

L'INSTITUTIONNALISATION DE L'ÉCOFÉMINISME CONTRIBUE À SAPER LA LÉGITIMITÉ DE LUTTES BEAUCOUP PLUS RADICALES.

Plus encore, je pense que l'engagement des Engraineuses participe d'une intégration du discours écoféministe dans un cadre institutionnel et donc de sa récupération par les structures dominantes. En même temps qu'elles viennent, sans doute indirectement et de manière involontaire, saper la légitimité de luttes beaucoup plus radicales, elles encouragent une définition et une sélection institutionnelle et capitaliste des « bon·ne·s militant·e·s », tout en permettant à ces institutions de se prévaloir d'une écoute et d'une prise en compte du discours écoféministe sans jamais être mises en danger. Ainsi, cela ne pose aucun problème au ministère de l'Écologie de rencontrer Les Engraineuses afin de discuter de leur festival Après la pluie, pendant que les forces de police continuent de harceler les militant·e·s des Bombes atomiques à Bure.

À droite toute !

En s'affranchissant d'une critique anticapitaliste, les récupérations libérales de l'écoféminisme ouvrent aussi la voie à de nouveaux discours venant de l'extrême droite et des milieux conservateurs de gauche. Des discours tels que celui de *Limite*, revue catholique d'« écologie intégrale » coordonnée par le fleuron intellectuel de la Manif pour tous (Gaultier Bès ou Marianne Durano se sont mobilisé·e·s parmi les Veilleurs), s'approprient le rapprochement entre femmes et nature en vue de défendre un modèle familial nucléaire et hétéronormé, faisant de la maternité la manifestation la plus incarnée de la « *féminité* ». Dans leur « Manifeste pour un féminisme intégral », paru dans le n° 8 de *Limite* en octobre 2017, Marianne Durano et Eugénie Bastié écrivent : « *Notre féminisme est un écoféminisme.* » Derrière la revendication de cet héritage, elles font de la lutte contre l'avortement et de la revalorisation de la fidélité conjugale deux solutions pour défendre la famille nucléaire (décrite comme «*premier lieu de solidarité*») et le mariage républicain. Les articles qui suivent ce manifeste introductif corroborent ce positionnement conservateur: universalisation de la condition de «*femme*» à travers l'expérience de la maternité, forte critique d'un «*nouveau féminisme*» intersectionnel, dénonciation d'une «*idéologie du genre*» et affirmation de différences biologiques «*naturelles*» entre hommes et femmes… Parfaitement rodée, la rhétorique de la revue *Limite* est dangereuse à bien des égards. Utilisant pléthore d'arguments anticapitalistes afin de vilipender un «*féminisme conventionnel*», les animateurs et animatrices de la revue inscrivent la défense de l'intégrité et de la dignité de «*la femme*» dans une lutte plus globale contre le progressisme social. Présentant leurs propos comme révolutionnaires et anti-bien-pensance, ils et elles relèguent les mouvements féministes, décoloniaux et intersectionnels au rang d'un «*féminisme institutionnalisé*» en proie à l'individualisme capitaliste, démontrant par là même leur méconnaissance criante de ces mouvements.

Ce discours conservateur n'a rien de nouveau mais il croît de manière inquiétante et est de plus en plus visible dans les médias. Aussi, nous n'oublierons pas la une de *Marianne* «L'offensive des obsédés de la race, du genre, de l'identité…» en 2019 ni la proximité de Natacha Polony, sa directrice de rédaction, avec les fondateurs et fondatrices de la revue *Limite*. Contre des mouvements féministes en grande partie portés par des étudiant·e·s et des personnes minorisées, l'affirmation d'un héritage écoféministe dans les discours conservateurs vient assimiler ces luttes aux obsessions d'une jeunesse capricieuse et individualiste. Écoféminisme et anticapitalisme deviennent ici les justifications de la défense d'un modèle familial nucléaire occidental et l'écologie est réduite à la référence au «*naturel*», leitmotiv de l'argumentaire réactionnaire et traditionnaliste. L'efficacité du discours de *Limite* tient aussi à sa revendication d'un appareil théorique inédit et subversif, qui vient placer la bien-pensance du côté des mouvements antiracistes et féministes intersectionnels. Certes, ces mouvements ont connu ces dernières années une plus grande résonance dans le débat public mais les instances étatiques, économiques et médiatiques demeurent des structures racistes et patriarcales. C'est aussi cette manipulation des rapports de pouvoir qui fait le succès de *Limite*.

Contre la labellisation de l'écoféminisme

Se poser la question des enjeux des récupérations de l'écoféminisme est nécessaire si l'on veut prendre ce mouvement au sérieux. Ces récupérations sont malgré tout le signe d'un regain prometteur et participent dans une certaine mesure de sa publicisation. S'agit-il désormais de dénoncer l'*inauthentique* ? Il convient plutôt de contextualiser chacune de ces pratiques et de les inscrire dans des luttes politiques de plus grande ampleur. Renouer avec sa « *nature profonde* » ne suffit pas s'il y a un système à renverser. Apposer l'étiquette « *écoféministe* » sur tout et n'importe quoi empêche de considérer l'écoféminisme dans sa portée politique radicale et peut laisser place à d'autres critiques venant de l'extrême droite. L'utilisation même du mot « écoféministe » se trouve questionnée : comment expliquer qu'un magazine comme *New Witch* se l'approprie aussi aisément alors que certaines militantes sont beaucoup plus réticentes à l'utiliser[15] ?

IL CONVIENT DE CONTEXTUALISER CHACUNE DE CES PRATIQUES ET DE LES INSCRIRE DANS DES LUTTES POLITIQUES DE PLUS GRANDE AMPLEUR.

Comme je l'ai dit, distinguer l'écoféminisme de ses récupérations implique de participer à un débat opposant différents héritages de ce mouvement et de défendre un « authentique » qui aurait été spolié et sali. Mais est-il seulement possible de le circonscrire ? Une telle démarche est-elle souhaitable ? Au regard de la diversité, de la complexité et du positionnement du mouvement écoféministe lui-même, définir les récupérations comme des discours et des pratiques qui ne s'inscriraient pas dans un « bon » héritage de l'écoféminisme me semble aussi délicat qu'improductif. En effet, cela mène à reproduire un schéma intellectuel totalisant, légitimant des formes de hiérarchies des discours, démarche largement dénoncée par les écoféministes et décrite comme patriarcale, colonialiste et capitaliste. S'il me paraît donc absurde de défendre un héritage écoféministe radical en adoptant une démarche excluante, je pense cependant qu'il est nécessaire d'ancrer toute référence à l'écoféminisme dans le cadre des luttes politiques actuelles, d'expliciter leurs objectifs politiques. C'est pourquoi, puisque les références à l'écoféminisme se font de plus en plus nombreuses, allant de l'extrême gauche à l'extrême droite, je pense qu'il est nécessaire de souligner les points de désaccords. L'utilisation du terme « *récupération* » est une manière d'exprimer cette dissension tout en prenant le parti d'un écoféminisme révolutionnaire et salutaire d'un point de vue écologique et social. Dans cette démarche, je crois primordial de différencier cet écoféminisme de celui affiché par des acteurs défendant des objectifs libéraux, consuméristes et/ou racistes. L'écoféminisme n'est pas une bannière sous laquelle peuvent venir s'entasser des positionnements si opposés : si j'ai ici voulu décrire et critiquer certaines pratiques et certains discours, c'est aussi et avant tout afin que l'écoféminisme ne devienne pas un label, un joli emballage qui, sous couvert de bienveillance et de diversité, annihilerait toute possibilité de désaccords politiques et donc musèlerait tout combat radical.

En plus de tendre à uniformiser ou amoindrir toute possibilité de débat, la multiplication des références à l'écoféminisme fait planer un doute sur la portée politique de ce mouvement en l'assimilant à une simple mouvance New Age. S'il existe assurément des connexions entre l'écoféminisme des années 1980 et la spiritualité New Age (Spretnak, Starhawk), expliquant en partie pourquoi l'écoféminisme est tant en proie aux récupérations, certaines militantes sont très critiques vis-à-vis de celle-ci et ont à cœur d'affirmer leur différence. Par ailleurs, en réutilisant un vocabulaire caractéristique de la critique artiste[16] des années 1970 tel que « *se reconnecter à l'essentiel* » ou « *ralentir* », les récupérations capitalistes de l'écoféminisme participent aussi d'une « *généralisation du soupçon*[17] », brouillant la compréhension de la critique écoféministe et de la radicalité de son utopie. Comme le décrivent Ève Chapiello et Luc Boltanski, ce soupçon est lié à la récupération par le capitalisme des exigences d'authenticité, particulièrement visible dans le *greenwashing* ou la mode « *witchy* ». Seulement, le mirage s'estompe rapidement : pas besoin d'aller chercher bien loin afin de comprendre que se reconnecter à l'essentiel en s'inscrivant à des cours de yoga ou des formations d'aromathérapie ne constitue pas vraiment une lutte politique anticapitaliste, même si cela peut satisfaire pleinement leurs adeptes.

Dans ce contexte, la revendication d'un héritage écoféministe radical est d'autant plus nécessaire si l'on veut éviter son engloutissement par un discours capitaliste lissé et vidé de tout sens critique, tout en combattant les récupérations conservatrices et d'extrême droite qui se dissimulent derrière un féminisme anticapitaliste de façade. Alors que l'écoféminisme commence à peine à se libérer des accusations d'essentialisme et d'apolitisme qui conduisirent à son déclin dans les années 1990, son appropriation opportuniste par les chantres du marketing et les nébuleuses fascisantes ne peut que faire craindre un nouvel ostracisme, rendant plus que jamais nécessaire la revendication d'une lutte radicale.

1. F. d'Eaubonne, *Le Féminisme ou la Mort*, Horay, Paris, 1974.
2. L. Boltanski et È. Chiapello, *Le Nouvel Esprit du capitalisme*, Gallimard, Paris, 1999.
3. I. Diamond et G. Orenstein, *Reweaving the World. The Emergence of Ecofeminism*, Sierra Club Books, San Francisco, 1990.
4. F. Ho et Q. Saul (dir.), *Maroon the Implacable. The Collected Writings of Russell Maroon Shoatz, PM Press, Oakland*, 2013.
5. V. Plumwood, « Nature, self, and gender : feminism, environmental philosophy, and the critique of rationalism », *Hypatia*, vol. 6, 1991, p. 3-27.
6. I. Diamond et G. Orenstein, *Reweaving the World*, *op. cit.*, p. 74.
7. M. Mies et V. Shiva, *Écoféminisme*, L'Harmattan, Paris, 1999.
8. Les écoféministes ont été largement accusées d'essentialiser la position de « femme » et de réhabiliter des arguments naturalistes. Si le lien entre femmes et nature a été forgé dans une logique patriarcale, ces militantes assument la possibilité de se le réapproprier dans une visée politique émancipatrice : à leurs yeux, défense des droits des femmes et préservation de la vie sur Terre sont indissociables et constituent les deux faces d'une même médaille.
9. E. Illouz, *Les Marchandises émotionnelles*, Premier Parallèle, Paris, 2019.
10. E. Cabanas et E. Illouz, *Happycratie. Comment l'industrie du bonheur a pris le contrôle de nos vies*, Premier Parallèle, Paris, 2018.
11. S. Taussig, « Néo-chamanisme et néo-colonialisme : entre chaos et déstructuration sociale », *Les Temps modernes*, vol. 698, n° 2, 2018, p. 70-89.
12. *Ibid.*, p. 86.
13. Audre Lorde, « Lettre à Mary Daly », 1979.
14. M. Correia, « L'envers des friches culturelles. Quand l'attelage public-privé fabrique la gentrification », *Revue du Crieur*, n° 11, 2018, p. 52-67.
15. A. Koechlin, « L'auto-gynécologie, écoféminisme et intersectionnalité », *Travail, genre et société*, vol. 42, n° 2, 2019, p. 109-126.
16. La critique artiste est définie par Ève Chapiello et Luc Boltanski dans leur ouvrage *Le Nouvel Esprit du capitalisme*. Défendant des exigences de libération et d'authenticité, elle se développe en réaction à une « *perte de sens* » (J.-B. de Foucauld et D. Piveteau, *Une société en quête de sens*, Odile Jacob, Paris, 1995) ou à une « *inquiétude* » (L. Thévenot, « Émotions et évaluations dans les coordinations publiques », *in* Paperman P. et Ogien R. (dir.), *La Couleur des pensées*, Éditions de l'EHESS, « Raisons pratiques », Paris, 1995, p. 145-174) liées au développement capitaliste.
17. L. Boltanski et È. Chiapello, *Le Nouvel Esprit du capitalisme*, *op. cit.*

MONDE
DES IDÉES

LA PHILOSOPHIE D'ALAIN BADIOU : UN MANUEL POUR NOTRE TEMPS

Par Ivan Segré

Il est bien des manières de présenter l'essentiel d'une œuvre philosophique : on peut opter pour un exposé doctrinal qui en alignerait les principaux concepts, ou bien s'attacher à la situer dans l'histoire des idées afin d'en apprécier l'apport sur tel ou tel problème (ontologique, épistémologique ou éthique), ou bien encore en proposer une lecture plus existentielle, expliquant par exemple en quoi la découverte de cette œuvre est susceptible de modifier, voire de bouleverser les représentations du lecteur et, pourquoi pas, sa vie intellectuelle, mais aussi bien sociale et affective ; ou à l'inverse, on peut préférer adopter une posture résolument critique, en s'évertuant par exemple à mettre au jour des points aveugles. Et le mieux est sans doute, dans la mesure du possible, de concilier ces différentes approches.

L'œuvre d'Alain Badiou, imposante tant par son volume que par sa rigueur conceptuelle et son inventivité philosophique, est scandée par trois sommets : *L'Être et l'Événement* (1988) ; *Logiques des mondes* (2006) ; *L'Immanence des vérités* (2018). Le titre du premier opus donne leur sous-titre aux deux suivants (soit *L'Être et l'Événement* n° 2 et n° 3) et de ce fait donne son titre à ce qui forme une trilogie (sous réserve que le philosophe, aujourd'hui âgé de quatre-vingt-cinq ans, n'y ajoute un quatrième tome). S'en dégagent donc *a priori* deux concepts déterminants, ou centraux : celui de « *l'être* » et celui de « *l'événement* ». Toutefois, la manière dont le philosophe ressaisit lui-même le mouvement d'ensemble de sa trilogie, en conclusion du troisième opus, fait apparaître un autre concept tout aussi déterminant, ou central, sinon davantage : « *Nous voici donc parvenus à la fin, non seulement de ce livre, mais de la trilogie* [...] : L'Être et l'Événement, *théorie de l'universalité des vérités.* Logique des mondes, *théorie de leur singularité.* L'Immanence des vérités, *théorie de leur absoluité*[1]. »

Le concept en dernière analyse déterminant ne serait donc ni « *l'être* », ni « *l'événement* », mais une « *vérité* » déclinée au pluriel, puisqu'il s'est agi de bâtir une théorie *des vérités.* Et c'est en effet le mot de la fin, celui par lequel le philosophe choisit, au terme de son parcours, de désigner le motif à la fois spéculatif et existentiel qui l'a animé depuis le commencement : « *Telle est, depuis sa naissance, la tâche de la philosophie : créer, dans les conditions de son temps,* le savoir de la possibilité existentielle du vrai[2]. »

Il importe de remarquer d'emblée que le philosophe ne prétend pas fonder en raison l'existence des vérités, mais seulement, une fois posée cette existence, leur universalité, leur singularité et leur absoluité. Quant à l'existence des vérités, c'est à la science, à l'art, à la politique et à l'amour, les quatre procédures de vérité identifiées par le philosophe, qu'il convient de se fier, et non à la philosophie, dont la tâche n'est pas de créer des vérités mais « *le savoir* » de leur « *possibilité* ». Autrement dit, la fonction du philosophe est de convaincre ses contemporains, par des moyens exclusivement rationnels, qu'ils sont capables de vivre, de penser et d'agir *vraiment.* Qu'est-ce à dire ?

Ombres et lumières d'un platonisme contemporain

Qui n'a jamais douté de la « possibilité » de distinguer entre le vrai et le faux risque de se demander s'il était bien utile de bâtir une vaste architecture spéculative, en outre réputée difficile, afin de parvenir à une telle conclusion. C'est qu'en effet le sens des mots prête à confusion, à moins d'être clarifié. Et le paradoxe est que la clarification, en l'occurrence, loin de constituer un préliminaire, est ce qui ne vient pleinement au jour qu'au terme du parcours, puisque c'est le sens du mot « vrai » qui est finalement l'enjeu, selon Badiou, d'une philosophie.

Communément, le « vrai » est tel par opposition au « faux ». Et cet usage a certainement sa légitimité. Ainsi s'efforce-t-on de discerner entre des informations fondées (c'est-à-dire rapportant des données factuelles et ne les présentant pas de manière biaisée) et d'autres infondées (par exemple dans le cas de « *fake news* »). Par ailleurs, un calcul est vrai ou faux. Et synthétisant l'information et le calcul, on recourt volontiers à des questionnaires à choix multiples (QCM) dans les concours et les examens. Mais il est alors question de l'exactitude d'une information ou d'un calcul plutôt que de vérité. Et lorsque l'exactitude tend à recouvrir le sens du mot « vrai » jusqu'à l'éclipser, le philosophe, depuis Platon, est en mesure de diagnostiquer un certain régime du discours, celui du règne de l'opinion (ou *doxa*), qui n'admet d'autre vérité que factuelle ou comptable ; ce à quoi le philosophe oppose donc « *le savoir de la possibilité existentielle du vrai* » ; ou, en langage platonicien : l'Idée.

Cette tâche que s'est donnée le philosophe platonicien – et Badiou prétend être, avec raison, le créateur d'un platonisme contemporain – a acquis une réputation douteuse tout au long du siècle passé, si bien qu'aujourd'hui, au XXIe siècle, beaucoup soupçonnent « l'Idée » d'abriter un projet totalitaire, tandis que la liberté d'opinion et la relativité des valeurs assureraient sinon le règne du « vrai », du moins celui d'un droit et d'une morale permettant de réguler la coexistence pacifique des différences. Et de prime abord, l'engagement maoïste de Badiou, de notoriété publique, ne peut que conforter le sens commun libéral : à s'en tenir à l'expérience de la révolution culturelle chinoise, le règne apaisé des opinions et du marché paraît décidément préférable au terrorisme du « vrai ». Pourtant Badiou persiste et signe, consacrant aux fondamentaux de la révolution culturelle les dernières pages de *L'Immanence des vérités* et certifiant, contre vents et marées, que la « Décision en seize points » – écrit de Mao qui, en 1966, donne le coup d'envoi de la mobilisation des masses populaires contre les cadres dirigeants du PC chinois – est rien moins qu'« *un vrai texte politique* ». En regard, Deng Xiao Ping serait l'agent d'une falsification durable de « *la possibilité existentielle* » du communisme : « *La plus spectaculaire déformation est sans doute celle infligée au mot "communisme" par le Parti communiste chinois : ce parti, en effet, sous l'impulsion que lui a donnée Deng Xiao Ping après l'échec de la révolution culturelle, a organisé sans faiblir une dépolitisation totale des masses chinoises, à seule fin de soutenir l'engagement néo-capitaliste de la Chine dans le marché mondial*[3]. »

On concédera volontiers au philosophe qu'en termes de « *vrai texte politique* », la « Décision » de Mao est plus consistante que le mot d'ordre de Thiers : « *Enrichissez-vous !* » Cependant Mao lui-même, dans l'écrit en question, concède : « *La méthode de raisonner avec les faits à l'appui et celle de la persuasion par le raisonnement doivent être appliquées au cours du débat*[4]. » Et en termes de « *faits à l'appui* », si certaines ombres de la révolution culturelle chinoise sont décidément peu envoûtantes, en revanche Xi Jinping, l'actuel président de la Chine, croyait pouvoir se féliciter en janvier 2017, dans un discours prononcé à Genève : « *La mondialisation économique, tendance historique irrésistible, a considérablement facilité les échanges, l'investissement, la circulation des personnes et les avancées technologiques* [...]. *1,1 milliard de gens ont été sortis de la pauvreté, 1,9 milliard ont à présent accès à l'eau potable, 3,5 milliards ont accès à Internet et l'on s'est fixé comme objectif d'éradiquer la misère en 2030*[5]. »

Selon le politologue et diplomate Kishore Mahbubani, il s'avérerait donc, rétrospectivement, que l'intelligence visionnaire de Deng Xiao Ping fut de poursuivre l'ouverture de l'économie chinoise « *malgré l'immense défi politique posé par Tiananmen* » en 1989, si bien que la croissance économique du pays le plus peuplé au monde s'est renforcée, rendant possible en 2001 l'adhésion de la Chine à l'Organisation mondiale du commerce (OMC), avec pour conséquence les faits suivants, également à l'appui : « *En 2000, le PIB américain en termes nominaux était neuf fois celui de la Chine. En raison de la croissance rapide de la Chine dans la décennie suivante, en 2010, le PIB américain n'était plus que 2,5 fois supérieur à celui de la Chine. Mais en termes de PPP*[6]*, la Chine était en 2014 la plus grande économie du monde, alors qu'elle ne représentait que 10 % de l'économie américaine en 1980*[7]. »

Badiou reproche à Deng Xiao Ping et ses successeurs d'avoir « *organisé sans faiblir une dépolitisation totale des masses chinoises* ». Mais Lénine, dans un discours prononcé au VIIIe Congrès des Soviets en 1919, a affirmé : « *Le communisme, c'est les Soviets plus l'électricité.* » En 2014, 99 % des Chinois avaient accès à l'électricité (tandis qu'en Inde encore un tiers de la population vivaient sans)[8]. Or c'est entre 1980 et 2010 que la Chine a multiplié par plus de dix sa production d'électricité : en 1980, elle produisait 313 TWh de mix électrique, en 2010 elle en produisait 4 247 TWh. (À titre de comparaison, en 1980 l'Allemagne en produisait 466 TWh, les États-Unis 2 427 TWh et l'Inde 119 TWh, et en 2010 respectivement 622 TWh, 4 354 TWh et 960 TWh)[9]. La « *dépolitisation totale* » qui a suivi la révolution culturelle aura donc permis à quasiment tous les Chinois de bénéficier de l'électricité (la Chine égalant à cette fin la production étatsunienne).

En outre, l'électricité du XXIe siècle sera très certainement l'intelligence artificielle (IA). À ce sujet la Chine, parce qu'elle a activement développé Internet et les nouvelles technologies, et parce qu'elle produit un volume de données numériques (les fameux Big Data) supérieur à celui des États-Unis, pourra bientôt, à en croire Kai-Fu Lee, l'un des pionniers de l'IA, permettre à ses industriels de disposer d'« *une longueur d'avance décisive dans le développement de services fondés sur l'IA*[10] ».

Il y aurait donc bel et bien lieu de se méfier de « l'Idée ». En l'occurrence, le matérialisme énergétique de Deng Xiao Ping et de ses successeurs (depuis 1980) paraît avoir été de loin préférable, pour les masses chinoises, à l'idéalisme politique de Mao (en 1966). Et, à suivre Lénine, il n'est donc pas assuré que le sens du mot « communisme » ait été davantage dévoyé par les premiers que par le second. Mais faut-il pour autant arguer de l'aveuglement de Badiou au sujet de la Chine pour renoncer, d'un même pas, à « *la tâche de la philosophie* » depuis Platon ? Ce serait comme arguer de l'utilisation d'armes létales pour renoncer à la fabrication d'outils. L'analogie a toutefois sa limite : la philosophie n'est pas une technique. Aussi, disons plutôt : renoncer à la « *possibilité existentielle du vrai* », c'est se résoudre à ce que l'animalité – ou son envers, la machine – soit l'horizon indépassable de notre temps. Les antispécistes et les transhumanistes, à cet égard, auraient au moins le mérite de la cohérence. Cependant le philosophe, lui, assure : « *Il n'y a que des corps et des langages, sinon qu'il y a des vérités*[11]. » Autrement dit, il *n*'y a *pas* que des corps dont les désirs sont régulés par le droit et le marché, et des langages dont les significations sont réglées par un formalisme syntaxique et une liberté (sémantique) d'opinion. Il y a aussi ce qui s'en excepte : les vérités, en art, en science, en politique, en amour. Et un philosophe digne de ce nom est le théoricien de cette exception.

Soit. Mais faut-il en passer par un système philosophique pour apprécier une œuvre d'art, connaître un théorème mathématique, avoir une idée politique ou vivre un amour ? Certainement pas. Mais organiser le savoir spéculatif de cette « *possibilité existentielle* » n'est pas moins décisif. Le point de départ de Badiou est un constat empirique : le régime dominant des discours et des pratiques – liberté d'opinion et relativisme marchand – éclipse, refoule ou censure la question du « *vrai* ». L'enjeu de son parcours de pensée, tout au long de sa trilogie et particulièrement dans le dernier opus, est dès lors de montrer que ce régime dominant est en dernière analyse celui de *la finitude*, et que son principal effet est d'occulter la royauté de *l'infini* (ou plus radicalement encore des infinis). C'est donc à cette lumière – celle de l'infini –

qu'il convient de présenter les principaux concepts de sa philosophie, à savoir, dans l'ordre d'apparition : l'être, l'événement, la vérité.

L'être

La science de l'être en tant qu'être, depuis Parménide, est le domaine propre de la philosophie, en ce sens synonyme d'ontologie. La philosophie commence en effet lorsque Parménide énonce l'identité de la pensée et de l'être, ce qui revient à affirmer qu'une pensée rigoureusement construite énonce ce qu'il en est de l'être. Présomption durable de la philosophie que Badiou, en 1988, ramène à beaucoup plus de modestie en avançant que ce n'est pas elle qui énonce ce qu'il en est de l'être, mais les mathématiques. Autrement dit les mathématiques, soutient Badiou, sont la science de l'être en tant qu'être. Dès lors, il revient au philosophe de tirer les leçons de ce que les mathématiques découvrent au sujet de l'être. Ainsi, durant l'Antiquité grecque, il lui revenait de tirer les leçons de la découverte de théorèmes en géométrie, ou de celle du nombre irrationnel, tandis qu'à l'époque classique, c'est la mathématisation de la nature qui occupait les grands philosophes tels Descartes, Spinoza ou Leibniz.

Qu'en est-il aujourd'hui ? La réponse de Badiou est que la tâche contemporaine de la philosophie est de tirer les leçons de la révolution ensembliste de Georg Cantor, telle qu'axiomatisée par Ernst Zermelo et Abraham Fraenkel au début du XXe siècle. Résumons la chose en quelques mots : depuis les Grecs, l'infini est conçu sous la forme d'une procédure d'itération, de l'ordre de n + 1 pour ce qui concerne par exemple la suite des nombres entiers naturels, ou celle des nombres premiers dont Euclide, déjà, a démontré dans les *Éléments* qu'elle était infinie (en recourant également à la formule n + 1). Mais une telle infinité est seulement virtuelle, ou potentielle, en ce sens qu'il est toujours possible de poursuivre le processus d'itération, lequel est donc virtuellement sans fin. Ainsi, après avoir démontré que le concept de « *plus grand nombre premier* » est contradictoire, Euclide conclut que la suite des nombres premiers ne peut pas rencontrer de borne. Mais, comme le souligne Badiou dans la préface de *Logiques des mondes*, « *l'énoncé crucial concernant la suite des nombres premiers se dit tout autrement que dans le lexique de l'infini*[12] ».

Euclide énonce en effet : « *Les nombres premiers sont en plus grande quantité que toute quantité proposée de nombres premiers*[13]. » Il s'agit donc d'une quantité « indéfinie », comme diront les classiques, plutôt qu'à rigoureusement parler « infinie ». Et *grosso modo*, telle est la pensée qui a gouverné les mathématiques et la philosophie depuis Aristote et Euclide jusqu'à la fin du XIXe siècle : l'infini n'est mathématiquement concevable que sous une forme virtuelle, ou potentielle, mais non pas actuelle, ce qui revient à dire qu'à rigoureusement parler *l'infini n'existe pas*, sinon sous une forme transcendante dont il revenait aux théologiens de circonscrire le sens et les implications théoriques et pratiques. La révolution de Cantor a consisté à axiomatiser l'existence de l'infini, soit l'énoncé : *il existe un ensemble infini actuel* (c'est-à-dire un infini en acte, par différence avec un infini seulement en puissance). Le concept d'ensemble mathématique rendait en effet possible le concept d'infini actuel, dont il ne restait dès lors plus qu'à *décider* l'existence.

L'énoncé posant l'existence d'un infini mathématique actuel n'étant pas démontré, est-ce à dire qu'il relève d'un acte de foi ? Oui, mais à condition de comprendre que l'affirmation contraire – l'infini mathématique actuel n'existe pas – relève pareillement d'un acte de foi. C'est l'apport singulier des mathématiques cantoriennes : la détermination ensembliste permettant de *conceptualiser* l'infini actuel, affirmer son existence ou sa non-existence se ramène à une pure décision. Et à cet égard, la pratique mathématique est plus convaincante encore que le dispositif de Pascal consistant à placer sur les plateaux de la balance le fini et l'infini, puisque dorénavant ce qui emporte la décision de parier sur l'un plutôt que sur l'autre n'est plus seulement l'évidence, une fois pour toutes, de la supériorité incommensurable de l'infini sur le fini, mais aussi l'évaluation rationnelle des conséquences de l'un ou l'autre choix au travers d'une procédure déductive de vérification, de découverte et d'invention, dont le principe fondateur est formulé en ces termes par Alain Badiou : « *Les questions mathématiques d'existence ne renvoient qu'à la consistance intelligible de ce qui est pensé*[14]. » Il n'empêche, le philosophe valorise la coloration pascalienne de l'axiomatique moderne de l'infini : « *Qu'il faille tolérer là l'arbitraire presque complet d'un choix, que la quantité, ce paradigme de l'objectivité, mène à la subjectivité pure, tel est ce que j'appellerai volontiers le symptôme de Cantor-Gödel-Cohen-Easton*[15]. »

Mais quoique procédant d'une « *subjectivité pure* », dont la nécessité d'un « *choix* » est le « *symptôme* », ce que les mathématiques contemporaines ont donc mis au jour depuis Cantor, c'est l'extraordinaire fécondité rationnelle de la décision axiomatique concernant l'existence d'un infini mathématique actuel, lequel, aussitôt posé, s'avère être l'arbre qui cache la forêt puisqu'il existe non pas un infini actuel, mais une multiplicité d'infinis actuels distincts. S'ensuit qu'en termes ontologiques, *l'infini est la texture universelle de l'être*, du moins si l'on adopte la thèse : les mathématiques sont la science de l'être en tant qu'être.

Il existe beaucoup d'autres approches de l'ontologie et des mathématiques, depuis Heidegger, qui guette l'advenue poétique de l'être, jusqu'à Wittgenstein, qui affirme dans son *Tractatus* (6.21) : « *La proposition mathématique n'exprime aucune pensée.* » Cependant la force de la philosophie de Badiou, c'est donc que son ontologie mathématique mobilise une « *subjectivité* » qui n'est pas moins existentielle et plus convaincante, peut-être, que la poétique de Heidegger ou le mysticisme de Wittgenstein. En outre, la thèse de Badiou au sujet des mathématiques a le mérite de la vraisemblance, car comment contester que les mathématiques touchent à l'être lors même que l'on prend aujourd'hui l'avion comme hier le bateau, que l'on reçoit des courriels électroniques venus de l'autre bout du monde en quelques secondes seulement, ou que l'on constate que le plus grand joueur d'échecs ou de go échoue lamentablement à vaincre une machine ? Équations, algorithmes, fonctions, tels sont les éléments qui bâtissent l'infrastructure technologique et physique du monde dans lequel nous évoluons naturellement. Autrement dit, les formules mathématiques servent à construire une fusée spatiale ou un ordinateur aussi bien qu'à décrire un phénomène astrophysique comme les « trous noirs ».

Ignorer la révolution ensembliste de Cantor et, conséquemment, une philosophie qui s'efforce d'en tirer les leçons, voilà donc qui reviendrait, au fond, à prendre le parti de l'Inquisition contre Galilée. Et l'image est d'autant plus pertinente que Badiou résume en ces termes l'apport des mathématiques cantoriennes dans l'histoire des idées : « *La création de la théorie des ensembles est en effet un geste mathématique fondateur, mais, dans le même élan, une intervention philosophique d'une immense portée. C'est en effet* la réalisation intégralement rationnelle d'une déliaison entre l'infini et l'Un[16]. » Le philosophe y insiste tout au long de son œuvre : l'infini mathématique est un multiple pur, ou multiplicité de multiples, disqualifiant d'un même pas les libertins de la finitude et les inquisiteurs de l'Un. Et mon sentiment est que l'essentiel des irritations que sa philosophie provoque trouve vraisemblablement là son origine : « *Que l'infini soit un nombre est ce que l'ontologie ensembliste du multiple pur rend enfin possible, après des siècles de dénégation, et d'enfermement de l'infini dans une vocation théologique*[17]. »

Le philosophe affronte en conséquence deux adversaires opiniâtres : d'un côté le sceptique, fermement accroché au règne de la finitude, à la relativité des valeurs et à la célébration des petites mais sûres jouissances, de l'autre le dogmatique, qui enferme l'infini dans l'imagination d'un « Dieu » dont des théologies (éventuellement séculières) organisent le savoir et règlent le culte.

Et c'est donc de cette triste alternative que la révolution ensembliste nous libère, en affirmant axiomatiquement pour une part, démonstrativement pour une autre, que la pluralité féconde et proliférante de l'infini actuel est, ici et maintenant, l'armature ontologique de notre monde (ou des mondes).

L'événement

Comme on l'a vu avec le surgissement de l'infini actuel à la fin du XIXe siècle, « *l'événement* » semble occuper la place, dans la philosophie de Badiou, de ce qui fut appelé un temps « révolution ». La différence est toutefois, pour le dire simplement, que « *l'événement* » n'introduit pas à un nouvel ordre des choses, il est davantage une « *trace* » de ce qui s'est évanoui, « *trace* » dont un sujet parvient cependant à faire sa vérité.

Daniel Bensaïd critiquait volontiers le « camarade » Badiou à propos de son concept d'événement, lui reprochant de transmuer le militant révolutionnaire en fidèle d'une sorte de miracle évanoui, quasi mystique, et de s'en remettre au pari de Pascal plutôt qu'au labeur quotidien des luttes sociales[18]. Et, en effet, génie spéculatif français, Badiou puise son inspiration dans les écrits de Mallarmé plutôt que dans ceux de Rosa Luxemburg. En outre, il ne craint pas de rattacher son principal concept à une religion instituée, puisqu'il assure que ce qui a manqué à Platon « *est un concept de l'événement, lequel, il faut bien l'avouer, est une invention chrétienne*[19] ». Il y aurait beaucoup à dire, ou très peu, sur le fait que Badiou identifie dans « *la mort du fils de Dieu sur la Croix*[20] » le concept d'événement qu'il a placé au centre de son œuvre (à la place du concept de temps chez Heidegger ou de néant chez Sartre). Mais concentrons-nous sur l'essentiel : la fonction dudit « *événement* » dans sa philosophie.

Une fois posé qu'en termes ontologiques l'armature de notre monde et, plus généralement, des mondes est une prolifération baroque de l'infini, comment expliquer que nous éprouvions sans cesse davantage la finitude de notre condition, de notre horizon social, économique et politique, de nos ressources naturelles, ou tout simplement de notre existence biologique ? Nous connaissons la réponse du philosophe : l'omniprésence de la finitude dans nos pensées, nos pratiques, nos affects, n'est pas un effet de la science de l'être en tant qu'être mais de son recouvrement par le règne des opinions, c'est-à-dire par un régime de représentations dont il n'importe pas seulement d'identifier l'origine sociale, mais en outre le ressort subjectif, qui est donc la « *dénégation* ». Le régime de la finitude qui gouverne nos vies n'est autre, en dernière analyse, qu'une dénégation savamment réglée. Et s'il convient certainement d'étudier les mathématiques, on peut toutefois s'y adonner en praticiens ingénieux mais néanmoins aveugles, c'est-à-dire indifférents au surgissement possible, sinon effectif, de l'infini dans nos existences. Et c'est donc ici qu'intervient notre concept : pour que la lumière soit, c'est-à-dire pour que l'infini vienne au jour, il faut une « *rupture locale infinie dans l'ordre réglé des choses finies*[21] ». Autrement dit, il faut un « *événement* ».

Qu'est-ce que « *l'ordre réglé des choses finies* » ? La formule décrit un vaste ensemble de systématicités sociales, politiques, esthétiques, psychologiques, y compris mathématiques, depuis l'embourgeoisement de la transcendance religieuse, tel que fixé au théâtre dans la formule du vaudeville « Ciel ! Mon mari ! », jusqu'à l'émasculation de l'infini mathématique par un rationalisme étriqué (le « *constructivisme* » par opposition au « *générique* »)[22], en passant par le remariage de la mère du prince Hamlet aussitôt le roi enterré. Certains exemples sont ici de moi, mais je ne crois pas qu'ils trahissent la pensée du philosophe : « *l'ordre réglé des choses finies* » est un conservatisme raisonnable qui nous assure que croire en la finitude est prudent, parier sur l'infini imprudent, sinon pure folie. Et ce que soutient donc le philosophe, c'est qu'à la lumière de « l'Idée », un tel conservatisme est au fond plus animal que raisonnable, ou plus lâche que prudent.

Pour nous affranchir du règne de la finitude, il faut donc « *une rupture locale infinie* » (un « *événement* ») : elle apparaît en art par exemple lorsque, au moment où des physiciens théorisent la superposition des états quantiques, des peintres cubistes, puis abstraits, révolutionnent notre perception de l'espace pictural ; en amour, elle se signale par exemple lorsque le positiviste Auguste Comte rencontre Clotilde de Vaux à quarante-huit ans et conclut : « *Ainsi l'empire du monde réel appartient encore moins aux êtres pensants qu'aux êtres aimants*[23] » ; en politique, elle survient par exemple lorsque la sublime Rosa Parks monte dans un bus un jour J, à une heure H, refusant soudainement, obstinément, de s'asseoir à l'emplacement que « *l'ordre réglé des choses finies* » lui prescrit. Et un monde qui paraissait définitivement réglé est bouleversé. Quels que soient les exemples que le lecteur choisira pour son compte, l'idée est donc la suivante : toute *émancipation* relève, d'une manière ou d'une autre, d'une « *rupture locale infinie dans l'ordre réglé des choses finies* ». Autrement dit, l'émancipation est *événementielle* ou n'est pas. Et il paraît dès lors justifié de reformuler ainsi la trilogie de Badiou : « *l'être et l'émancipation* ». Une fois posé, en effet, que par « *événement* » il faut entendre ce qui en art, en science, en politique ou en amour, nous arrime à une percée d'infini trouant d'un inoubliable éclat le régime de la finitude, l'émancipation vraie ne peut pas être autre chose. Car nous comprenons aussitôt que la servitude dont il s'agit en définitive de se libérer, intellectuellement, affectivement, socialement, c'est celle qu'impose le régime de la finitude. Et c'est donc ce en quoi le maoïsme obstiné de Badiou s'avère *formellement* fondé en raison : la condition de toute émancipation vraie est une « Décision » quant à l'infini.

La vérité, le sujet

La vérité, nous l'avons vu, est intimement liée à l'événement, étant précisément une « *procédure de fidélité* » : être dans le vrai, c'est demeurer fidèle à cet inoubliable éclat amoureux, artistique, politique ou scientifique qui a rompu « *l'ordre réglé des choses finies* ». Et toute la difficulté, qui est aussi une hauteur, est qu'une telle fidélité est contrainte d'être créative : « *La loi d'une fidélité n'est pas fidèlement discernable*[24]. » Autrement dit, aucune légalité ne peut donner l'assurance que nous sommes dans le vrai. C'est en ce sens que Badiou qualifie la vérité en science, en politique, en art, en amour, de procédure « *générique*[25] », par différence avec une autre procédure, dite « *constructible* », qui en mathématique vise davantage à légaliser l'infini, c'est-à-dire à le rendre compatible avec « *l'ordre réglé des choses finies* », et donc finalement à le domestiquer : « *Une des fonctions de ce que j'appelle un événement est de mettre à l'ordre du jour le choix de rester dans le constructible ou d'en sortir. Cette sortie revient pour le sujet à s'exposer au générique, c'est-à-dire à quelque chose qui, pendant tout un temps, reste peu défini, mal défini, insaisissable*[26]. »

Ajoutons que l'incertitude du « *générique* », signe que la vérité ne s'acquiert pas comme un savoir, est d'autant plus dramatique, et sublime, qu'être dans le vrai est donc la marque existentielle d'un « *sujet* », concept fondateur chez Badiou puisque son premier grand livre de philosophie, prélude à sa trilogie, s'intitule *Théorie du sujet* (1982). Et en effet, au travers des concepts de l'être, de l'événement et de la vérité, ce qui est conçu, finalement, c'est la possibilité d'une existence touchée par l'infini, ce que Badiou appelle donc un « *sujet* ».

On reconnaît là le motif de la « grâce », mais intégralement rationalisée. Et si l'incertitude est dramatique, elle s'appuie toutefois sur l'évidence mathématique de la fécondité ontologique des infinis. Or s'il est un point, absolument crucial, sur lequel la philosophie de Badiou est formidablement convaincante, c'est que l'infini est le meilleur des affects, ou le plus joyeux si l'on convient avec Spinoza que la joie augmente la puissance d'agir. Concluons-en que sa trilogie possède les vertus d'une éthique et constitue de ce fait, malgré sa technicité mathématique et philosophique, un manuel pour notre temps. C'est du moins ce que nous voudrions maintenant, au travers de deux exemples d'une singulière banalité et d'un troisième outrageusement futuriste, donner à voir, et plus encore à sentir.

Exercices pratiques de philosophie

Alors que j'étais occupé à la rédaction de mon article, je découvris la une du *Figaro* en date du 7 décembre 2020 : « *Clandestins : le coût de l'aide médicale d'État s'envole.* » L'article, en page 2, débute ainsi : « *Un seuil historique vient d'être franchi. Pour la première fois, le coût estimé de l'aide médicale de l'État (AME) réservée aux seuls étrangers en situation irrégulière en France dépasse le milliard d'euros. La somme inscrite en "crédits de paiement" dans le projet de loi de finances pour 2021, actuellement discuté au Parlement, est exactement de 1 milliard et 61 millions d'euros.* »

Puis, décrivant les modalités de l'AME et comparant le système français à celui d'autres pays européens, le journaliste observe : « *Une générosité rare qui contribue à l'attractivité de la destination France* ». Un tel article est d'emblée caractéristique : par sa forme, il relève de l'exactitude comptable, par son contenu, d'une orientation politique qui appelle à un contrôle renforcé de l'immigration et à la restriction des droits accordés aux étrangers ; plus essentiellement, il véhicule une représentation plus ou moins explicitement formulée : des centaines de milliers d'étrangers en situation irrégulière vivent au crochet des Français. Est-ce vrai ? L'exactitude des chiffres n'est pas en cause. Mais comme les statisticiens le savent, des chiffres exacts peuvent induire en erreur si leur présentation est biaisée. Ainsi, un milliard d'euros de dépenses médicales pour 300 000 « *étrangers en situation irrégulière* », cela revient à 3 300 euros par personne et par an.

Or, pour évaluer ce que coûte à la France un étranger en situation irrégulière, il faut mettre cette dépense publique en regard de ce que rapporte à la France ce même étranger en situation irrégulière, employé dans la restauration, ou le bâtiment, etc. À cette lumière, ce que l'auteur de l'article propose, à demi-mot, c'est que ces hommes et femmes soient exploités, mais pas soignés. Le biais est d'autant plus flagrant que publié le 7 décembre 2020, cet écrit intervient deux semaines après qu'un camp de réfugiés afghans installé place de la République à Paris – ceci afin d'alerter la puissance publique sur leur dénuement après la fermeture du centre où ils avaient trouvé un abri –, ait été violemment évacué par la police, si violemment que le ministre de l'intérieur, Gérald Darmanin, s'en est publiquement ému : « *Certaines images de la dispersion du campement illicite de migrants place de la République sont choquantes*[27]. » C'est donc l'indignation suscitée par la violence de l'évacuation que l'article du Figaro s'emploie à refouler, de sorte que la moralité de la charge policière soit sauve : ces réfugiés afghans soi-disant démunis nous coûtent au bas mot un milliard d'euros chaque année.

L'armature idéologique et le biais d'un tel article sont aisément identifiables, et il n'est donc pas nécessaire d'avoir lu et digéré les œuvres complètes de Badiou pour en démonter les mécanismes. Certes, mais ce que la lecture du philosophe nous apprend, c'est que pour rompre vraiment avec l'ordre réglé de la xénophobie gouvernementale, policière et journalistique, il ne suffit pas d'opposer des chiffres à d'autres chiffres, une exactitude à une autre ou un biais à un autre, il faut s'affranchir de son horizon : le régime de la finitude. Ainsi, au sujet des étrangers en situation irrégulière, c'est une « Décision » quant à l'infini qui sous-tend l'affirmation du philosophe : « *Oui, eux, ils sont le prolétariat nomade, et tout pays est leur patrie. Ils sont le cœur du monde humain d'aujourd'hui, ils savent exister partout où l'être humain existe. Ils sont la preuve que l'humanité est une, est commune. Et c'est pourquoi nous devons non seulement les accueillir comme des frères, mais comme une chance. Et nous organiser avec eux pour que l'humanité, enfin, commence sa vraie vie planétaire*[28]. »

Mon second exemple nous transporte dans un tout autre espace idéologique, celui de l'écologie, noble cause s'il en est : la prise de conscience du caractère fini des ressources naturelles comme des invraisemblables prédations industrielles, la menace d'un réchauffement climatique non maîtrisé, l'extinction dramatique d'espèces naturelles, voire d'écosystèmes, sont devenues, au XXIe siècle, des enjeux politiques et existentiels majeurs. Il ne s'agit pas d'en contester la pertinence. Mais un certain discours écologique n'en relève pas moins du symptôme.

Dans un livre très instructif, Philippe Bihouix prévient que la high tech, du fait qu'elle est non seulement hautement technologique mais aussi hautement consommatrice en ressources naturelles, abrite un projet de civilisation qui n'est pas viable à plus ou moins long terme, raison pour laquelle il milite pour ce qu'il appelle *L'Âge des low tech*, livre sous-titré : *Vers une civilisation techniquement soutenable*. Nous savons en effet que le capitalisme contemporain, sur un versant fait preuve d'une inventivité certaine et parfois admirable, comme en témoigne le développement de l'intelligence artificielle, mais sur un autre dépossède l'humanité puisque, à mesure que l'objet high tech règle nos faits et gestes, la transmission des savoirs techniques déserte les pratiques populaires pour devenir le capital dit « cognitif » d'une caste supérieure. Le problème est que Bihouix n'interroge pas le règne du « capitalisme », si tant est que le mot soit seulement prononcé. En revanche, sa philosophie économe est manifestement travaillée par l'obsession de la finitude, comme en témoigne sa proposition de « *gérer différemment le froid hivernal, avant toute chose en réduisant la température de chauffe des bâtiments et, à l'inverse, ne pas climatiser en été*[29] ». Dès lors, nous ne sommes pas loin de voir poindre un autre mot d'ordre : « Consommons moins, travaillons plus. » Ce pourrait être aussi bien la philosophie de « *l'âge des low tech* » sous condition du capital.

Une certaine *doxa* assimile Badiou à un maoïste attardé, sinon indécrottable, et une frange le présente plus volontiers encore comme un « antisémite » notoire. Mais quelle que soit la manière dont on pense pouvoir évaluer son maoïsme, ou son antisionisme[30], le fait est que sa philosophie met au jour, somme toute de manière assez solitaire, la *vraie* condition de l'homme moderne : le surgissement de l'infini mathématique actuel. C'est dans le texte du mathématicien Richard Dedekind, précurseur de Cantor, que Badiou en repère la formulation primitive, sorte de noyau originel : « *Le point le plus frappant de la définition de Dedekind est qu'elle détermine positivement l'infini, et subordonne négativement le fini. C'est son accent spécialement moderne, comme presque toujours chez Dedekind.* [...] *Le fini est simplement ce qui n'est pas l'infini, et toute la simplicité positive de la pensée s'articule à l'infini. Cette intrépide laïcisation intégrale de l'infini est un geste dont nous n'avons pas encore (nous, sectateurs maladroits de la "finitude", où se lit encore notre dépendance religieuse) épuisé les vertus*[31]. »

Il est certes vertueux de fermer la fenêtre d'une pièce chauffée, et peut-être conviendrait-il de revenir à des gestes économes d'une efficacité tranquille. « *Il est nettement plus simple et moins coûteux d'isoler et de couvrir les corps, que d'isoler et chauffer la pièce entière !* » écrit Bihouix[32]. Mais il y a donc, par ailleurs, une hostilité à la philosophie de Badiou qui relève décidément de la dénégation. Car c'est d'une tout autre vertu qu'il est question dans cette œuvre, vertu dont les noms propres sont donc Dedekind, Cantor, Gödel, Cohen ou Easton, tous théoriciens des infinis mathématiques dont il nous faut tirer les leçons amoureuses, politiques, artistiques comme scientifiques. Et nous savons la leçon de vie qu'en tire Badiou : « *Toute la simplicité positive de la pensée s'articule à l'infini.* » Tel est le chemin du philosophe vers une civilisation soutenable, et sa réponse aux angoisses de notre temps, qu'elles soient xénophobes ou écologiques.

À l'horizon du troisième millénaire

Qu'est-ce, finalement, que vivre avec une Idée ? Il semble à présent possible de répondre, au plus près du texte de Badiou, et non loin de ceux de Platon, Descartes ou Spinoza : c'est une vie dont « *la pensée s'articule à l'infini* ».

Soit. Mais à l'aube du troisième millénaire, n'est-ce pas l'IA qui semble sur le point de s'articuler à l'infini, nous laissant, nous autres, animaux humains, sur le bord de la route ?

L'origine de l'intelligence artificielle est un objet de discussion parmi les historiens des sciences, mais on peut retenir trois temps forts : IXe siècle, lorsque les mathématiciens arabes posent les fondements d'une révolution algébrique et algorithmique ; 1642, lorsque Pascal invente la première machine à calculer (la « pascaline ») ; 1950, lorsque paraît l'article d'Alan Turing « Computing machinery and intelligence ». L'intelligence artificielle est en effet un système de calcul automate dit « universel ».

Dans l'article en question, Alan Turing met au point son fameux « test ». Le « test de Turing » est une conversation écrite entre un humain et un ordinateur, et si l'ordinateur parvient à se faire passer pour un humain, à l'imiter suffisamment bien pour tromper l'examinateur, il a réussi le test de Turing : l'intelligence artificielle est le semblant de l'humain, son imitation aboutie. Mais de quel « humain » est-il alors question ? Et de quelle « conversation » ? Car on ne comprend pas le « test de Turing » de la même manière selon l'idée que l'on se fait d'une « conversation humaine ». Et à la lumière de la philosophie de Badiou, ce test soulève notamment deux questions : 1. Quelle différence y a-t-il entre une machine intelligente (« *smart* ») et une subjectivité dont la pensée n'est pas articulée à l'infini ? 2. Une IA pourra-t-elle un beau jour s'articuler à l'infini de la manière dont les mathématiques cantoriennes s'articulent à l'infini ?

Quant à la première question, la réponse du philosophe n'est pas humaniste : sous le régime de la finitude, rien de vraiment substantiel ne distingue l'animal, l'humain, la machine. C'est du reste sur ce point que Badiou se sépare de Lacan dès le premier tome de sa trilogie. Lacan, bien que n'étant guère « humaniste », identifiait néanmoins en toute parole d'homme ou de femme la marque d'un sujet. Disons qu'à ses yeux, l'animal a un sexe, la machine un cerveau, mais seul l'humain dispose d'un sexe et d'un cerveau, si bien que son langage n'est ni celui de l'animal, ni celui de la machine, mais celui d'un sujet. Badiou, lui, est plus radical : l'exception humaine n'a de sens qu'à articuler un sexe, un cerveau et une « *vérité* ».

Sachant qu'il n'est pas de « *vérité* », au sens où l'entend Badiou, sans que ne soit en cause une « Décision » quant à l'infini, est-ce là ce dont une machine est *absolument* incapable ? La seconde question s'en trouverait résolue : l'axiomatique ensembliste suppose des décisions qui engagent la « subjectivité pure ». Mais, précisément, les apôtres de l'intelligence artificielle dite « forte » ne prétendent-ils pas pouvoir bâtir, à terme, une machine susceptible de penser par elle-même ?

Le fameux « test de Turing » introduit au fond une troisième question, située plus en amont : la « *subjectivité pure* » relève-t-elle, en dernière analyse, d'un pari existentiel sur l'infini ou d'un artifice symbolique combiné à une technologie calculatoire ? Dans un livre consacré aux mathématiques, Badiou formule ainsi l'alternative : « *Ou bien la vérité, ou bien l'arbitraire du signe et la diversité des jeux syntaxiques : tel est le choix central pour la philosophie contemporaine*[33]. » Et, conviendrait-il peut-être d'ajouter, *pour l'humanité*. Car à l'horizon du troisième millénaire, lorsque le corps biotechnique sera lentement mais sûrement désexualisé, et l'IA sexualisée, tel pourrait bien être ce qui seul distinguera à jamais, par définition, l'humain de la machine : « *le savoir de la possibilité existentielle du vrai* ».

1. *L'Immanence des vérités*, Fayard, Paris, 2018, p. 681.
2. *Ibid.*, p. 682, souligné dans le texte.
3. *Ibid.*, p. 645.
4. *Ibid.*, p. 668.
5. Cité par Kishore MAHBUBANI, *L'Occident (s')est-il perdu ? Une provocation*, Fayard, Paris, 2019, p. 118.
6. « *Purchasing Power Parity* », c'est-à-dire, en français, la parité de pouvoir d'achat (PPA). C'est un indice qui prend en compte le prix des biens afin de mesurer le pouvoir d'achat.
7. Kishore MAHBUBANI, *op. cit.*, p. 65.
8. Les économistes Jean Drèze et Amartya Sen observent en effet : « *Un tiers de la population indienne n'a pas l'électricité – contre 1 % seulement en Chine.* » (*Splendeur de l'Inde ? Développement, démocratie, inégalité*, Flammarion, Paris, 2014, p. 81).
9. « L'évolution du mix électrique dans le monde entre 1980 et 2010 », *in* COMMISSARIAT GÉNÉRAL AU DÉVELOPPEMENT DURABLE, *Chiffres et statistiques*, n° 406, avril 2013.
10. Kai-Fu LEE, *I. A. La plus grande mutation de l'histoire*, Les Arènes, Paris, 2019, p. 43.
11. *Logiques des mondes*, Seuil, Paris, 2006, p. 12.
12. *Ibid.*, p. 20.
13. Cité *in ibid.*, trad. d'Alain Badiou.
14. *Court traité d'ontologie transitoire*, Seuil, Paris, 1998, p. 103.
15. *L'Être et l'Événement*, Seuil, Paris, 1988, p. 309.
16. *L'Immanence des vérités*, *op. cit.*, p. 465, souligné dans le texte.
17. *Court traité d'ontologie transitoire*, *op. cit.*, p. 139.
18. Je me permets de renvoyer à ce sujet à mon article « Bensaïd lecteur de Badiou : une fraternité critique », *in* « *Daniel Bensaïd, le militant philosophe* », *Cahiers critiques de philosophie*, n° 15, 2016.
19. *L'Immanence des vérités*, *op. cit.*, p. 533.
20. *L'Être et l'Événement*, *op. cit.*, 1988, p. 235.
21. *L'Immanence des vérités*, *op. cit.*, p. 175.
22. « *C'est que, assurément, l'univers constructible est étroit.* » (*L'Être et l'Événement*, *op. cit.*, p. 343). Nous ne pouvons entrer ici dans la nécessaire méditation d'un tel énoncé. Disons simplement qu'une procédure « constructible » surmonte le vertige de l'infini, mais au prix d'une amputation… vertigineuse.
23. Cité *in L'Immanence des vérités*, *op. cit.*, p. 625.
24. *L'Être et l'Événement*, *op. cit.*, p. 396.
25. Notion empruntée au mathématicien Paul Cohen, dont les ensembles « *génériques* » assurent un fondement mathématique, donc ontologique, à la vérité telle que l'entend Badiou.
26. *L'Immanence des vérités*, *op. cit.*, p. 263.
27. Cité *in* Gurvan KRISTANADJAJA, « À Paris, migrants frappés et journalistes molestés lors de l'évacuation d'un campement éphémère », *Libération*, 20 novembre 2020.
28. Alain BADIOU, *Petrograd, Shanghai. Les deux révolutions du XXe siècle*, La Fabrique, Paris, 2018, p. 18.
29. Philippe BIHOUIX, *L'Âge des low tech*, Seuil, Paris, 2014, p. 122.
30. Sur ce point, je me permets de renvoyer à mon livre *Les Pingouins de l'universel. Antijudaïsme, antisémitisme, antisionisme*, Lignes, Paris, 2017, dans lequel j'expose ma propre critique de l'antisionisme « badiousien ».
31. *Le Nombre et les Nombres*, Seuil, Paris, 1990, p. 51.
32. Philippe BIHOUIX, *op. cit.*, p. 122-123.
33. *Le Nombre et les Nombres*, *op. cit.*, p. 66.

43 € • 1 AN • 3 NUMÉROS

REVUE DU CRIEUR
BULLETIN D'ABONNEMENT

Je m'abonne pour 1 an (3 numéros)
à la REVUE DU CRIEUR à partir du numéro .....

Nom* ....
Prénom* ....
Établissement* ....
Adresse *...
....
Code postal* .... Ville* ....
Pays* ....
E-mail ....
Tél. ....

*mentions obligatoires

• **Particuliers**

☐ France et Dom-Tom 43 € ☐ UE et Suisse 46 €

☐ Autres pays 50 €

• **Institutionnels**

☐ France et Dom-Tom 45 € ☐ UE et Suisse 49 €

☐ Autres pays 53 €

Prix en vigueur à compter du **1er juillet 2015**, port compris.

Ci-joint mon règlement :

☐ Chèque libellé à l'ordre de : **Alternatives économiques**

☐ Carte bancaire (Carte bleue, Visa et Master-Eurocard uniquement) :

Numéro de carte : ____ ____ ____ ____

Date de validité : __ / ____

Cryptogramme (au dos de la carte) : ___

Date et signature :

Votre commande ne vous sera envoyée qu'après réception de votre paiement.

☐ Besoin d'une facture

Bulletin à retourner à :

Revue du Crieur – Éditions La Découverte
Service client
12, rue du Cap Vert
CS40010
21 801 Quetigny Cedex

Cochez la case si vous souhaitez recevoir des informations ou offres de la part
- des Éditions La Découverte ☐ *- de Mediapart* ☐

En application de la loi du 6 janvier 1978, vous disposez d'un droit d'accès et de rectification des informations vous concernant et vous pouvez vous opposer auprès d'Alternatives économiques à leur cession.

IL N'Y AURA PAS DE LIVRAISON DE LA *REVUE DU CRIEUR* EN JUIN, PROCHAIN NUMÉRO EN OCTOBRE 2021.

Directeurs :
Stéphanie Chevrier, Edwy Plenel

Corédaction en chef :
Joseph Confavreux, Rémy Toulouse, Valentine Dervaux

Création graphique :
Agnès Dahan Studio
Illustrations **Corentin Perrichot**

Direction de la publication :
Stéphanie Chevrier

Retrouvez la *Revue du Crieur* sur Facebook et Twitter.

ISBN : 978-2-348-06738-9
ISSN : 2428-4068

Diffusion Volumen/Interforum

Achevé d'imprimer sur les presses de l'imprimerie Clerc à Saint-Amand-Montrond
Dépôt légal : mars 2021

N° d'impression : 14988

Imprimé en France

MEDIAPART
8, passage Brulon
75012 Paris

La Découverte
9 *bis*, rue Abel-Hovelacque
75013 Paris

FSC — MIXTE — Papier issu de sources responsables — FSC® C003309 — www.fsc.org

L'éditeur de cet ouvrage s'engage dans une démarche de certification FSC® qui contribue à la préservation des forêts pour les générations futures.